RODULFO GONZALEZ

LA BARBARIE REPRESIVA DE LA NARCODICTADURA DE NICOLAS

MADURO

TOMO IV

Rodulfo González

LA BARBARIE REPRESIVA DE LA NARCODICTADURA DE NICOLÁS MADURO (IV)

Isla de Margarita, Estado Nueva Esparta,
Venezuela, agosto de 2022

CICUNE.ORG

Publicado por primera vez por Aussie Trading 2024

Copyright © 2024 por Rodulfo González

Reservados todos los derechos.

Ninguna parte de esta publicación puede ser reproducida, almacenada o transmitida en cualquier forma o por cualquier medio, electrónico, mecánico, fotocopiar, grabar, escanear o de otro modo sin permiso por escrito del editor. Es ilegal copiar este libro, publicarlo en un sitio web o distribuirlo por cualquier otro medio sin permiso.
Rodulfo González no tiene ninguna responsabilidad por la persistencia o exactitud de URL de sitios web de Internet externos o de terceros a los que se hace referencia en esta publicación y no garantiza que el contenido de dichos sitios web sea, o permanecerá, exacta o apropiada.
Las denominaciones utilizadas por las empresas para distinguir sus productos suelen ser reclamados como marcas comerciales. Todas las marcas y nombres de productos utilizados en este libro y en su portada, nombres comerciales, marcas de servicio, marcas registradas son marcas registradas de sus respectivos propietarios. Los editores y el libro no están asociados con ningún producto o proveedor mencionado en este libro. Ninguna de las empresas u organizaciones a las que se hace referencia en el libro lo han respaldado.

*Catálogo de la Biblioteca del Congreso
Nombre: Rodulfo González, 1935-*

ISBN: 9798869105936 (paperback) | ISBN: 9798869105967 (ebook)

Primera edición

*Diagramación de Juan Rodulfo
Arte de portada por Valeria Magallanes*

Impreso en EE. UU.

CICUNE.ORG

Producción:
Centro de Investigaciones Culturales Neoespartanas
(CICUNE)
cicune@gmail.com

CICUNE.ORG

Tabla de Contenido

Tabla de Contenido 7
LA POLICÍA DE LARA AGREDIÓ A LOS EDUCADORES 11
MÁS REPRESIÓN CONTRA LOS EDUCADORES 15
MÁS SOBRE EL PRESUNTO TIRANICIDIO CON DRONES 25
CONTINÚA LA POLÍTICA DE TORTURA CONTRA PRESOS POLÍTICOS MILITARES 35
TRES NUEVOS INDÍGENAS ASESINADOS 39
TRES MUJERES VÍCTIMAS INOCENTES DEL PRESUNTO MAGNICIDIO FRUSTRADO 47
HABLÓ EL GENERAL MANUEL CRISTOPHER FIGUERA 51
LA DECLARACIÓN DEL GENERAL HÉCTOR ARMANDO HERNÁNDEZ DA COSTA 55
UN SEMESTRE NEGRO PARA LOS DEFENSORES DE DERECHOS HUMANOS 69
EL AUTODENOMINADO PRESIDENTE OBRERO REPRIME A LOS SINDICALISTAS 73
EL VERGONZOSO INFORME DE MICHELLE BACHELET 77
COLECTIVOS CHAVISTAS AGREDIERON A VECINOS EN LA CANDELARIA 81
HABLA EL PRESIDENTE DE LA CONFERENCIA EPISCOPAL VENEZOLANA 85
SE MULTIPLICAN LAS PROTESTAS CONTRA LA NARCODICTADURA 93

CRONOLOGÍA DE UN PLAN TERRORISTA CONTRA LOS VENEZOLANOS 105

EL PARTIDO COMUNISTA DE VENEZUELA DENUNCIA LA TRAICIÓN DE LA FTUV 111

LA DEFENSA DE LOS PENSIONADOS, JUBILADOS Y DISCAPACITADOS 117

UNA CARTA EN FAVOR DE LA LIBERTAD DE VENEZUELA 123

CUATRO HERIDOS EN MÉRIDA 127

GASES LACRIMÓGENOS CONTRA QUIENES PROTESTAN 129

EL MUNDO RECHAZA LA FEROZ REPRESIÓN DE LA NARCODICTADURA 131

UN CRIMINAL CON PODER 137

LA PROTESTA DE LOS TUITEROS 141

LOS CÍRCULOS DEL TERROR DISPERSARON PROTESTA EN CARICUAO 145

LA REPRESIÓN MATA Y DETIENE A LOS MANIFESTANTES 149

MICRONOTICIAS SOBRE LA REPRESIÓN 153

USO EXCESIVO DE LA FUERZA CONTRA MANIFESTANTES 157

SEÑOR MADURO, A USTED TAMBIÉN LE LLEGARÁ SU HORA 159

CARTA A JOSÉ ANTONIO ABREU Y GUSTAVO DUDAMEL 163

SOÑAR NO CUESTA NADA 169

LOS INDÍGENAS NO TIENEN QUIEN LOS DEFIENDA 175

EL ARBITRARIO RASTREO DE LOS TELÉFONOS 177

LOS REPRESORES ASESINOS NO SON CASTIGADOS 189

LAS PROTESTAS CONTRA LA NARCODICTADURA SE MULTIPLICAN 193

El Autor 197

Otras publicaciones del Autor 205

    El Asesinato de Oscar Pérez 205

    Los Indígenas en el Socialismo del Siglo XXI 205

    El Bolero en América Latina 206

    Rómulo Betancourt: Más de Medio Siglo de Historia 206

    Mis Mejores Versos 207

LA POLICÍA DE LARA AGREDIÓ A LOS EDUCADORES

El 29 de julio de 2022 *El Impulso* reportó:

-Entre golpes y empujones, un piquete de la Policía del Estado Lara recibió a los educadores en las inmediaciones de la gobernación este jueves 28 de julio, tras protestar por la reivindicación de sus beneficios sociales, así como el pago de sus bonos vacacionales y recreacionales.

En las imágenes se observan como los funcionarios de seguridad intentaban detener a los profesores que marcharon desde la zona educativa de la entidad.

Luego señaló:

-Frank Andrade, secretario nacional del Colegio de Profesores, indicó a *El Impulso* que «la gota que derramó el vaso» para que los docentes salieran nuevamente a protestar se debe al retraso en la cancelación de los bonos a los educadores, los cuales, según Andrade, no están siendo contabilizados de manera correcta.

El docente advirtió además que "A partir de la próxima semana vamos a estar todos los días en la calle hasta lograr que nos devuelvan nuestros derechos".

Por su parte, Freddy Naranjo, secretario ejecutivo de SUTELARA, señaló que, de no recibir algún tipo de respuesta positiva por parte de la administración de Nicolás Maduro, los docentes no volverán a las aulas en el mes de septiembre.

-Vamos a seguir convocando, en septiembre no vamos a tener clases. Seguiremos en la calle hasta que no nos paguen, expresó.

Sobre el mismo tema, también en *El Impulso* de igual fecha, el periodista José E. Arévalo reportó:

-Este jueves 28 de julio, los profesores del Estado Lara salieron a las calles a protestar para exigir salarios dignos y la reivindicación de beneficios económicos como son los bonos vacacionales y recreacionales, situación que generó el disgusto del gremio de docentes.

Ante esto, Andrés Velásquez, representante de La Causa R, se pronunció este viernes 29 de julio a través de su cuenta de Twitter para señalar y cuestionar estas medidas implementadas por el régimen de Nicolás Maduro, la cual consiste en quitar los beneficios que tenían los trabajadores de la administración pública.

Velásquez agregó que "Por si el salario no fuera ya tan miserable y los ingresos en general de la gran mayoría de los trabajadores públicos no fueran tan escasos, ahora a la dictadura se le ocurrió la genial idea de mochar ingresos y eliminar bonos que corresponden por contrato".

Era el Día Nacional del Licenciado en Educación.

MÁS REPRESIÓN CONTRA LOS EDUCADORES

El 5 de octubre de 2013 Día Mundial de los Docentes, el diario El Impulso, de Barquisimeto, reportó:

-Los educadores larenses dependientes del Gobierno nacional no cesan en su lucha por una Convención Colectiva acorde a lo que consideran justo, de acuerdo a los índices de inflación que presenta la economía venezolana. Pese a la lluvia que cayó sobre Barquisimeto durante toda la mañana, se congregaron en la Plaza de la Justicia, como parte del cronograma de acciones de calle que han venido desarrollando en las últimas semanas.

El presidente del Sindicato Nacional Fuerza Unitaria Magisterial (SINAFUM-Lara), Delfín Amaro, informó que un grupo de docentes asistió el jueves a una manifestación frente a la sede del Ministerio de Educación, en Caracas, con el propósito de "protestar en contra de la firma de la VII Convención Colectiva, que están suscribiendo los sindicatos vendidos y el patrono de espalda a la masa trabajadora", y denunció que "los colegas fueron víctimas en la ciudad capital de múltiples atropellos y vejaciones por parte de funcionarios enviados por la ministra Maryann Hanson, que utilizó a los órganos de seguridad del estado contra nuestros trabajadores".

Lo propio hizo en iguales circunstancias otro ministro de Educación de la narcodictadura, Aristóbulo Istúriz

Después indicó:
-Asimismo, señaló que la titular de la cartera de Educación pretendía firmar el jueves el conjunto total de la Convención Colectiva, toda vez que durante la semana se han firmado por separado varias cláusulas, "pero tuvo que echarse para atrás, porque ni siquiera pudo reunir 100 docentes de todo el país para demostrar que estaban de acuerdo con ella".

Tuvo que mandar a trabajadores administrativos para que hicieran parte del circo que pensaba montar".
Advirtió que, de concretarse la aprobación de la Contratación Colectiva "entre gallos y medianoche", procederán a su impugnación.

"Nos quieren hacer ver como desestabilizadores, cuando aquí lo único que está desestabilizado es nuestro salario desde el mes de enero, por culpa de las medidas económicas erradas adoptadas por el propio Gobierno nacional", expresó.

Sobre la renuncia de José Vicente González Camejo a la jefatura de la Zona Educativa del Estado Lara, el dirigente sindical afirmó que "en sus declaraciones él reconoce tácitamente que nuestra lucha es justa y el camino que hemos tomado es el indicado".

Por su parte la profesora Zuleika Pérez, quien fue parte de la manifestación en Caracas, denunció que "fui víctima de vejámenes, insultos y agresiones por parte de los esbirros que tiene a su cargo la ministra Maryann Hanson".

Ilustración 1. Caricatura de 800 Noticias, 10-8-2022

-Exigimos la renuncia de esta funcionaria delincuente, -dijo- y solicitamos al Gobierno que se designe en ese cargo a una persona responsable, que respete al gremio docente y que entienda las necesidades de los trabajadores", resaltó.

El 5 de octubre de 2020 Georgette S., de El Diario, recogió en un amplio reportaje los incidentes de los actos de calle realizados por los docentes en distintas ciudades del país en reclamo de reivindicaciones laborales.

-Los docentes venezolanos –dijo de entrada- tomaron las calles este lunes 5 de octubre para exigir mejoras salariales y en respuesta al llamado a clases en medio de la pandemia por covid-19. La convocatoria se realizó en contexto al Día Mundial de los Docentes.

Edgar Machado, presidente del Sindicato Venezolano de Maestros del Distrito Capital, detalló en exclusiva para El Diario que las exigencias que hacen en el gremio de educación, donde están todas las federaciones nacionales más los sindicatos filiales, es la extensión del contrato colectivo que se venció en 2019.

Igualmente indicó:

-También se está solicitando el equivalente a 600 dólares para poder cubrir la canasta básica, porque el sueldo de un docente ahora es de 1,50 mensuales. El que más gana de los docentes puede llegar a 3,50 dólares.

Luego detalló que "hace dos semanas se llevó un documento al Ministerio del Trabajo solicitando el artículo 419 de la Ley Orgánica del Trabajo, donde se pidió una extensión del contrato colectivo, examinar las cláusulas económicas y mejoras salariales"

Asimismo, sostuvo que están pidiendo la revisión de todo lo que tiene que ver con la parte económica del contrato.

-Estamos exigiendo –aseveró- un seguro de vida y funerario actualizado a la realidad. El Ministerio de Educación está desde hace años ciego, sordo y mudo. Hoy en el Día Mundial del docente en vez de estar celebrando, estamos protestando, porque el maestro está en una situación crítica".

De igual modo preciso que al día de hoy tienen muchas razones para protestar, y debido a eso, en todos los rincones del país se realizaron manifestaciones, porque el régimen de Maduro convirtió en "sal y agua" el sueldo del docente y no existe seguridad social.

> *Los profesores protestaron en al menos 16 estados del país con el apoyo de otros gremios y de algunos dirigentes políticos en las entidades*

En Caracas la protesta de docentes se inició en la Plaza Morelos, pero tuvo que trasladarse a los alrededores de la Confederación de Trabajadores de Venezuela (CTV) debido a la presencia de grupos afines al régimen de Nicolás Maduro.

Al respecto la diputada Olivia Lozano declaró: "Ya el miedo invadió a Maduro y bloqueó los accesos a la Plaza Morelos, por lo que la concentración será en la esquina de la CTV. No nos dejemos amedrentar".

La periodista añadió que "Sin embargo, los docentes gritaron "no tenemos miedo", a los motorizados adeptos al régimen que intentaron intimidarlos mientras protestaban a los alrededores de la CTV.

Igualmente expresó:

-Profesores también se concentraron en los alrededores del Unicentro El Marqués para sumarse a la protesta por mejoras en las condiciones laborales del sector educativo.

Los trabajadores del sector salud se unieron a la protesta del sector educativo en Caracas. "No tenemos salarios suficientes", denunció Ana Rosario Contreras, presidenta del Colegio de Enfermería del Distrito Capital.

Por otro lado, el presidente interino de Venezuela, Juan Guaidó, junto a los Comandos Regionales por la Libertad y Elecciones Libres, respaldaron la convocatoria e instaron a acompañar a los educadores en las protestas que harán en cada rincón del país este lunes.

-Protestar el 5 de octubre con los maestros – explicaron-es protestar por el futuro. Consulta popular, protesta, presión internacional e interna, todos los mecanismos juntos en Venezuela.

En el Estado Mirandas los docentes del municipio Plaza y Zamora tomaron la vía Intercomunal de Guarenas, para exigir salarios dignos y mejoras laborales.

Según el reporte periodístico, los profesores "aseguran que el gobierno los está matando de hambre y desconoce todas las cláusulas contractuales vigentes" y uno de los manifestantes declaró: "En el Día Mundial del Docente no estamos celebrando: estamos protestando". También hubo protestas en la redoma de San Antonio de los Altos y en Los Teques, capital de ese estado, donde los trabajadores de la enseñanza gritaron la consigna "Pueblo, escucha, esta es también tu lucha".

En el Estado Cojedes, docentes de Las Vegas, Municipio Rómulo Gallegos, y de Tinaco, municipio homónimo, se sumaron a las protestas en el país para exigir mejores condiciones laborales y salariales.

"¿Hasta cuándo los sueldos de hambre?", cuestionaron los docentes en Tinaco.

En el Estado Bolívar, los docentes de Ciudad Guayana también salieron a las calles para exigir mejores condiciones salariales.

Según expresó el diputado Freddy Valera a través de cuenta en Twitter los docentes salieron a las calles a exigir justas reivindicaciones.

Además, acusó al régimen de "hambreador que se aferra al poder sin importarle el sufrimiento de los venezolanos".

Igualmente expresó:

-Debemos continuar movilizados y organizándonos hasta lograr la libertad.

En el Estado Amazonas, los docentes se concentraron en la Plaza del Estudiante, de Puerto Ayacucho.

Al respecto Mauligmer Baloa, diputada a la Asamblea Nacional por esa jurisdicción expresó:

-Hoy 5 de octubre, Día Mundial de los Docentes, en Amazonas nos unimos a la protesta de los maestros venezolanos ante la precaria situación que vive el sistema educativo, así como los salarios de hambre que mantienen a los docentes en Venezuela.

En el Estado Portuguesa docentes del Municipio Papelón, cantaron el Himno Nacional durante la protesta, y en Guanare el gremio de los educadores expresó su descontento por las condiciones laborales e indicaron que deberían estar devengando un sueldo de 600 dólares para cubrir la canasta alimentaria familiar.

En el Estado Mérida, docentes y personal obrero de los planteles educativos en la entidad andina, se concentran frente a la Zona Educativa para exigir mejores y denunciar con pancartas, pitos y cacerolas, que sus sueldos no pasan de los dos dólares mensuales.

En el Estado Lara, profesores y sociedad civil en Barquisimeto se concentraron en la Inspectoría del Trabajo y atendieron el llamado nacional de protesta para exigir mejoras en las condiciones laborales.

Durante la protesta uno de los docentes afirmó: "La lucha nuestra es la lucha del país".

Por su parte, el diputado Ángel Torres declaró:

-En Lara los docentes salieron exigiendo libertad, saben que la única forma de mejorar su condición y lograr un sistema educativo óptimo, es que caiga la dictadura y se conforme el Gobierno de Emergencia propuesto por el presidente Juan Guaidó.

En el Estado Carabobo, docentes del Municipio Guacara se concentraron en la avenida Piar para exigir mejores condiciones laborales y reivindicaciones salariales justas que permitan ejercer su profesión dignamente y denunciar que reciben amenazas por no reincorporarse a las actividades académicas.

También hubo concentración en la avenida Cedeño de Valencia con la participación del diputado Ángel Álvarez, quien expresó:

-En la avenida Cedeño acompañando a nuestros docentes carabobeños, sin libertad no hay reivindicaciones, la educación tiene que ser la punta de lanza para reconstruir nuestro país, juntos y sin descanso lo vamos a lograr, la Asamblea Nacional en la calle.

En el Estado Vargas, según la reseña de El Diario, los docentes se unieron a las protestas para denunciar la crisis del sector educativo en Venezuela.

Los profesores protestaron desde la plaza Los Maestros, recorriendo Maiquetía, hasta llegar hasta la plaza Brión.

La consigna voceada fue: "Somos docentes, no somos delincuentes".

En Maracay, Estado Aragua, los docentes gritaron: "Con hambre no se educa, con hambre no se aprende".

En Maturín, capital del Estado Monagas, los profesores marcharon para exigir mejores condiciones salariales y laborales, aunque funcionarios de la Policía Nacional trataron reprimirla.

En San Juan de los Morros, capitales del Estado Guárico, docentes, pensionados y jubilados protestaron para denunciar las condiciones salariales del sector educativo, con la consigna "No a la discriminación".

En Maracaibo, Estado Zulia, los maestros protestaron frente a la sede de la Inspectoría del Trabajo para reclamar salarios justos.

Uno de los carteles de la manifestación rezaba: "Omar Prieto: te reto a vivir un mes con el sueldo de un maestro zuliano", haciendo referencia al entonces gobernador chavista.

Sobre el acto una docente afirmó: "El gremio de la educación y la salud son indispensables".

Los docentes del Estado Anzoátegui también protestaron en rechazo a los salarios del sector educativo en Venezuela.

Un vocero no identificado del partido Voluntad Popular de esa jurisdicción comentó: "Hoy nuestros valientes docentes salieron a protestar por sus legítimos derechos. No hay condiciones para dar clases, ni presencial, ni online. Maduro no se ha preocupado por los héroes de la salud menos lo hará por quienes forjan el futuro del país".

Lo propio hicieron los docentes de Tucupita, capital del Estado Delta Amacuro.

Finalmente, el presidente del Sindicato Venezolano de Maestros, Edgar Machado, denunció que los profesores están siendo amedrentados por parte de los directores y supervisores, quienes acosan a los docentes y los obligan a asistir a los centros educativos, cuando hoy en día en el país existe una gran cantidad de contagiados por covid-19.

"Vamos a seguir en la calle, hoy, mañana y siempre", reiteró el sindicalista, quien agregó:

-Las protestas en todo el país demuestran el descontento de todo el sector educativo frente a la gestión del régimen de Nicolás Maduro, el cual no ha dado respuestas a los requerimientos de los docentes.

MÁS SOBRE EL PRESUNTO TIRANICIDIO CON DRONES

El 31 de julio de 2022 el portal Costa del Sol, con información de la periodista Sebastiana Barráez, de Infobae, reportó:

-Para los detenidos y sus familiares han transcurrido largos cuatro años desde aquel 4 de agosto cuando ocurrió el caso de los drones, un intento de magnicidio contra Nicolás Maduro. Ha sido un juicio plagado de vicios, torturas, violaciones al debido proceso, entre muchas irregularidades más. Últimamente se habían realizado audiencias en las que se evaluaban algunas pruebas documentales, hasta que el lunes pasado hubo un cambio inesperado y acelerado para terminar el juicio, que podría deberse a que el jueves próximo se celebra el 85 aniversario de la GNB y se cumplen cuatro años del fallido atentado. "La sentencia debe estar lista el lunes 01 de agosto", se les anunció a los involucrados en el juicio.

Luego explicó:

-"La orden vino de arriba y este juicio hay que finiquitarlo el lunes", es lo que desde el Tribunal Especial Primero de Primera Instancia en funciones de Juicio con competencia en casos vinculados con Delitos Asociados al Terrorismo con Jurisdicción a Nivel Nacional de la jueza Hennit Carolina López Mesa y cuyo caso siguen los fiscales Farik Karín Mora Salcedo y Dinora Bustamante Puerta, se supo el jueves y que afecta a los 17 que aparecen en el expediente, para apresurar a tropezones el juicio sobre el Magnicidio o Caso de los Drones.

Hasta ahora el Tribunal había evaluado las pruebas muy lentamente. Hace una semana advierte que habrá para los militares un cambio de calificación en lo imputado de Traición a la Patria para Conspiración, por lo que según el Código Penal venezolano debió suspender el juicio para permitirles a los militares que se defiendan, declaren y se suministren las pruebas. "Vayan, vayan a hablar con ellos", dijo la jueza y le abrieron la puerta de la DGCIM y Ramo Verde para que los abogados se entrevistaran con los militares del caso.

Después indicó:

-Los defensores llamaron a los militares para declarar y el jueves 28 de julio de 2022, estando en el juicio, la jueza López Mesa negó la suspensión del juicio, alegando que eso se había hecho desde el lunes 25 al jueves 28, de manera que en realidad negó lo establecido en el Código Orgánico Procesal Penal cuando se trata del cambio de calificación jurídica, cerró el debate a pruebas y le dio la palabra al Ministerio Público para que diera sus conclusiones.

Más adelante observó:

-Todo fue a tropezones, sin permitir realmente que los militares detenidos tengan derecho real a defenderse de lo que ahora dice que cometieron. No han encontrado pruebas y se inventan a última hora lo de la Conspiración, luego de cuatro años de tenerlos presos; ahí queda claramente demostrado que no hay pruebas y por eso no les permiten defenderse apropiadamente", dijo a Infobae el familiar de uno de los detenidos.

Posteriormente apuntó:

- Lo insólito es que de un plumazo y en tiempo récord los abogados defensores deben presentar mañana lunes sus conclusiones y el Tribunal anunciará su sentencia. El caso de los drones es uno de los más escandalosos en lo que a la violación del debido proceso se refiere: todas las detenciones y allanamientos se hicieron sin orden judicial, a los detenidos se les negó muchísimas veces las reuniones con sus abogados, las incomunicaciones, torturas físicas y psicológicas no se procesaron, experticias sin solicitudes al Tribunal, parcialidad.

Ninguna arbitrariedad de los órganos de justicia de la narcodictadura de Nicolás Maduro debe sorprender a las víctimas

Las pruebas para acusarlos se basan en:
-Declaraciones rendidas en sede policial en presencia de funcionarios aprehensores, custodios o torturadores en las que se auto incriminaban.
-Experticias incompletas.

CICUNE.ORG

-Evidencias incautadas violando la cadena de custodia.

-Declaraciones de los funcionarios que se contradecían con su propia acta policial, o que manifestaban no saber nada o tener una participación escasa en el procedimiento, así como declaraciones de testigos presenciales que no vieron nada.

-Hubo funcionarios que fueron a declarar con intención de incriminar porque ocupan cargos gubernamentales y sin embargo se contradecían con los propios hechos.

-Las torturas a las que fueron sometidos no se investigaron, mucho menos los torturadores aun cuando muchos de ellos fueron identificados por las víctimas en el juicio.

-Si existiese debido proceso en Venezuela, aun cuando el hecho hubiese sucedido tal cual lo exponen los autores del régimen, todos los acusados tendrían que ser absueltos.

La periodista recordó en la siguiente porción del reporte:

-El caso de los drones se debe al intento de magnicidio contra Nicolás Maduro ocurrido el 4 de agosto 2018 durante el acto de celebración del día de la Guardia Nacional, en la avenida Bolívar de Caracas. En pleno evento se oye una explosión, Cilia Flores se agacha con gesto de temor, los soldados en formación corren, el jefe de Casa Militar mira asombrado, pasan unos segundos antes que varios hombres reaccionen con unas lonas de protección blindadas con las cuales cubren a Maduro, un miembro de la Guardia de Honor quita de un empujón hacia un lado al Ministro de la Defensa, Maduro intenta seguir hablando, pero se oye una voz que le indica sacarlo a la derecha y ahí termina todo: solo fueron 30 segundos.

A partir de ahí ocurrieron muchas cosas. La principal de ellas es que Nicolás Maduro tuvo la certeza de que el "ahí viene el lobo" era una realidad que aún hoy no ha podido vencer. Se aprovechó el evento para sacar del paso a militares que estaban bajo sospecha de los cuerpos de inteligencia.

Fiscalía se ciñó a lo que indicó la Dirección de Contrainteligencia Militar (DGCIM), que realizó el procedimiento de investigación. El Servicio Bolivariano de Inteligencia (SEBIN) hizo una pequeña parte de la investigación. Ninguno de los dos cuerpos policiales cumplió con los procedimientos indicados por el COPP y por eso hubo allanamientos sin orden, revisión de teléfonos y correos sin orden del Tribunal.

En los siguientes párrafos apuntó:

-Tanto la DGCIM como el SEBIN aplicaron tortura y tratos crueles a los detenidos, los presentaron ante el Tribunal de la Juez de Control Carol Bealexis Padilla Reyes de Arretureta fuera del lapso legal y con evidentes signos de tortura. Nada de eso ha sido investigado.

Un hecho resaltante es que los torturadores fueron reconocidos en el juicio por las víctimas, quienes lo hicieron saber a viva voz en el Tribunal. "Lo más detestable es que muchos de los torturadores son los mismos que aparecen como investigadores", señala el familiar de uno de los jóvenes detenidos.

Mientras la tía de uno de los imputados asegura que "cuando ellos denunciaban en el Tribunal haber sufrido de torturas, eran castigados al llegar al centro de reclusión. No sabemos cómo se enteraban tan rápido".

Y a continuación identificó a los presuntos responsables militares del tiranicidio:

-El General de División Alejandro Pérez Gámez, quien era Jefe de Operaciones de la Guardia Nacional y a quien la Fiscalía señala como responsable de haber filtrado información a los autores del hecho. Este oficial ha sido un incondicional de la revolución bolivariana y así lo ha pregonado, además de disfrutar con comodidad del poder antes de aparecer en el caso del Magnicidio.

-General de Brigada Héctor Hernández Da Costa.

-Teniente Coronel Pedro Javier Zambrano Hernández.

-Sargento retirado Juan Carlos Monasterio Vanegas.

-General de División Alejandro Pérez Gámez

-Coronel Pedro Zambrano

Aclaro que la autora utiliza el término magnicidio al referirse a ese hecho, y no tiranicidio

Los civiles fueron:

-Alberto José Bracho Rozquez.

-Angela Lisbeth Espósito Carrillo, venezolana quien tiene también nacionalidad española: representante de la ONG FUNDANIMAL. La señalaron de haberle dado hospedaje a Rivas Vivas.

-Argenis Gabriel Valera Ruiz.

-Brayan de Jesús Oropeza Ruiz.

-Emirlendris Carolina Benítez Rosales.

-Hennyberth Emmanuel Rivas Vivas, señalado de ser el encargado de grabar el magnicidio y quien después huiría a Colombia con ayuda del Coronel Ramón Santiago Velasco García.
-José Eloy Rivas Díaz
-José Miguel Estrada González.
-Juan Carlos Requesens Martínez, quien para el momento de su detención era diputado a la Asamblea Nacional.
-Oswaldo Gabriel Castillo Lunar.
-Wilder Anderson Vásquez Velásquez.
-Yanin Fabiana Pernía Coronel.
-Yolmer José Escalona Torrealba.
-Ángela Lisbeth Espósito Carrillo y Oswaldo Castillo.

En el siguiente texto la autora identifica las violaciones al debido proceso.

Al respecto puntualizó:

El resumen de lo que dicen detenidos, abogados, familiares, así como conocedores de las leyes venezolanas, se encuentra en lo siguiente:

-Nueve de las personas sindicadas de estar presuntamente incursas en el caso de los drones fueron víctimas de brutales torturas y obligados a rendir declaraciones auto incriminatorias, ampliamente divulgadas en medios de comunicación.

-Los mismos funcionarios que participaron en las torturas declaraban en calidad de testigos en el juicio oral y público, lo que permitió su identificación por parte de los acusados y aunque a viva voz los señalaban la jueza no hizo los trámites legales correspondientes.

-Varios de los acusados manifestaron en varias oportunidades que los fiscales del Ministerio Público presenciaron las torturas en la sede de la DGCIM.

-La mayoría de los detenidos fueron acusados por los mismos delitos, es decir, no hubo individualización de conductas.

-Han transcurrido cuatro años desde el inicio del juicio y ya la detención a todas luces es arbitraria, en virtud que el 17 de septiembre de 2021, fue reformado el Código Orgánico Procesal Penal y en su artículo 230 prohíbe que la detención se prolongue por más de 3 años, en este caso, permanecen detenidos negándose la aplicación a una norma vigente emanada del propio parlamento de mayoría oficialista, lo que denota la intención de dar una impresión a la comunidad internacional diferente de la praxis real que padecen los perseguidos por razones políticas.

-Los allanamientos, la revisión de correos y de teléfonos se hicieron sin autorización judicial, infringiendo el principio de inviolabilidad de las comunicaciones privadas y el hogar.

-El juicio carece de publicidad, en principio se limitaba el ingreso a la Sala de Audiencias de personas autorizadas por el tribunal, lo que impedía que familiares, personal del cuerpo diplomático acreditado en la República y cualquier persona ingresara a la Sala. Ello se ha ido relajando, permitiendo el ingreso de máximo dos familiares, pero tras espera de horas, de hecho, en casos extremos convocan en horas de la mañana 10 am, para ingresar a la Sala, a las 6 o 7 de la noche; luego de las 3 pm, quien no es abogado es desalojado del Palacio de Justicia.

-Aun cuando los funcionarios que declaran en el juicio manifiestan no recordar, no saber lo que le preguntan o no tener participación relevante, el tribunal y la fiscalía busca fijar los hechos a través de soportes escritos que se pretenden incorporar como prueba documental sin ser tales, y sin que hubiese podido ser controlado su contenido por la defensa.

-Los juicios son orales y públicos, la oralidad demanda que los funcionarios que han participado en la investigación y levantaron las actas de investigación penal, comparezcan al Juzgado y depongan sobre la actividad de pesquisa realizada en este asunto.

-Algunos funcionarios como el Teniente de Navío Abel Reinaldo Angola García alias Aureliano, quien fue señalado como responsable de graves torturas a los detenidos, no aparece suscribiendo actas de investigación, y aun así se presentó al Juicio con la intención de hacer una suerte de análisis y aportar conclusiones que extrae de la investigación, como si se tratare de un fiscal o de un juez en la fase preparatoria e intermedia, vale decir que fue promovido y comparece con la intención de hacer la tarea del juez y del fiscal.

CONTINÚA LA POLÍTICA DE TORTURA CONTRA PRESOS POLÍTICOS MILITARES

El 23 de julio de 2022 el embajador del gobierno interino ante los Estados Unidos, Carlos Vecchi alertó sobre las torturas puestas en práctica por la narcodictadura de Nicolás Maduro en contra de los presos políticos, especialmente militares.

En particular hizo énfasis en las vejaciones que están sufriendo los militares detenidos por el régimen.

Están sometidos a una pena de muerte en cámara lenta", aseveró en un mensaje divulgado a través de su cuenta de Twitter.

En este sentido citó la denuncia realizada por familiares del preso político Luis de la Sotta, que tiene 7 días confinado en celda 2×2 en el DGCIM de Fuerte Tiuna y su abogado no ha podido verlo para verificar su estado de salud.

"Fe de vida ya y Libertad plena para todos", exigió.

Así lo dio a conocer una Nota de Prensa emitida por el Centro de Comunicación Nacional de la presidencia interina.

En el mismo medio, con igual fecha, Eduardo Battistini, encargado de Negocios en Colombia, alertó a la comunidad internacional sobre las graves torturas a las que ha sido sometido el capitán de navío Luis de la Sotta.

Battistini aseguró que su familia denunció el confinamiento de la Sotta en una celda 2×2 metros desde hace siete días en la sede de la DGCIM en Fuerte Tiuna (principal sede militar de Venezuela).

-En una clara violación continuada de sus Derechos Humanos, -dijo- el régimen no ha permitido verlo ni a sus abogados ni a sus familiares para constatar su estado de salud", dijo.

De igual modo denunció que en Venezuela existen más de 300 presos políticos, civiles y militares que permanecen secuestrados por la dictadura de Maduro por defender la libertad y la democracia.

-Reiteramos –dijo- al mundo democrático que en nuestro país la situación no es un tema de ideologías sino una cuestión de DDHH

Finalmente, exigió al régimen de Nicolás Maduro una prueba de vida del Capitán de Navío Luis de la Sotta, así como que cese de inmediato su ilegal secuestro y pidió su inmediata libertad.

Un día antes el relator especial de las Naciones Unidas sobre Libertad de Asociación y Asamblea Pacífica, Clement Voule, había expresado su preocupación por la detención de activistas de la sociedad civil, dirigentes sindicales y líderes opositores en Venezuela, según reportó el Centro de Comunicación Nacional

-Estoy muy preocupado –declaró- por la detención de varios miembros de la sociedad civil, incluidos sindicalistas y líderes de la oposición, a principios de julio", expresó el relator, ante el arresto de dirigentes del partido Bandera Roja, activistas sindicales y defensores de derechos humanos.

Más adelante la fuente apuntó que Voule instó a las autoridades a garantizar la libertad de asociación y un entorno seguro para las voces disidentes.

Asimismo, dio cuenta de la detención, por parte de cuerpos represivos de la narcodictadura, de siete activistas de derechos humanos, dirigentes sindicales y militantes del partido Bandera Roja (BR) entre el lunes 4 y la madrugada del jueves 7 de julio.

TRES NUEVOS INDÍGENAS ASESINADOS

El 22 de julio de 2022 el Centro de Comunicación Nacional de la Presidencia (I) divulgó:

-La presidenta de la Comisión de Política Exterior de la Asamblea Nacional, Olivia Lozano, condenó el vil asesinato de indígenas jivi en el sector Guarataro en el Municipio Sucre al sur del Estado Bolívar por parte de grupos narcoguerrilleros aliados y amparados por la dictadura de Nicolás Maduro.

La parlamentaria explicó que los grupos guerrilleros pretenden forzar a los pobladores de la zona a huir para apoderarse de sus tierras.

"Quienes se jactan de ser sus protectores, son sus exterminadores", agregó Lozano en referencia a las alianzas entre el régimen de Maduro y estos grupos irregulares.

Los indígenas asesinados se dedicaban a la agricultura en el sector.

El día anterior el periodista Eligio Rojas, de Últimas Noticias, había reportado al efecto:

-Tres indígenas jivi fueron asesinados con armas de fuego en el sector Guarataro, Municipio Sucre (Maripa), Estado Bolívar, informó la Asociación Civil KAPE KAPE.

El triple asesinato fue confirmado por los familiares de los indígenas, indicó la citada organización en su cuenta Twitter.

"El asesinato ocurrió en la mañana de este martes", dice KAPE KAPE. "Se presume que los autores fueron los grupos armados que operan en la zona», agrega el tuit donde se muestra una foto de los tres cadáveres colocados boca abajo.

Más adelante indicó:

-Según el testimonio de los familiares los indígenas asesinados no se dedican a la minería, o ninguna actividad similar. Afirman que estaban en la zona haciendo mañoco", describen los activistas aludiendo a una harina de yuca.

El pasado 30 de junio ocurrió otro asesinato de un indígena en Amazonas. Se trata de Virgilio Trujillo Arana, considerado un líder del pueblo indígena Huotüja, quien recibió tres disparos en el sector Escondio 3, Puerto Ayacucho (Amazonas).

Las investigaciones iniciales refieren que Arana había recibido amenazas. Por este asesinato el gobernador de Amazonas, Miguel Rodríguez, emitió un pronunciamiento exigiendo una investigación. "No podemos callar ante un hecho tan lamentable", escribió el mandatario regional.

Por su parte, Analítica reportó el 22 de julio:

-La diputada Olivia Lozano condenó el «aberrante» asesinato de tres indígenas de la etnia jivi, en el Municipio Sucre del Estado Bolívar.

"Otro crimen aberrante, el asesinato de indígenas jivi por parte de grupos narcoguerrilleros», manifestó en su cuenta de Twitter, y aseguró que los responsables están "aliados y amparados por la mortal dictadura" y ejecutan estas acciones para forzar a los indígenas a "huir para apoderarse de sus tierras".

El director de la asociación civil indígena KAPE KAPE, Armando Obdola, confirmó este jueves que tres indígenas de la etnia jivi fueron asesinados con disparos en la cabeza en el municipio Sucre del amazónico estado Bolívar.

Obdola detalló que el asesinato se produjo la mañana del pasado martes, y fue cometido por «grupos disidentes» que operan en los mismos territorios en que habitan los miembros de la comunidad jivi, en una zona fronteriza con Brasil.

Analítica añadió:

-La información que manejamos desde ayer con los indígenas investigadores de la zona, a través de las familias, es que sí fueron asesinados estos hombres jivi, producto de grupos armados que aún no tienen identificación (...) Fueron acribillados, informó el dirigente de KAPE KAPE.

La asociación que defiende los derechos de estos grupos minoritarios refirió, en su cuenta en Twitter, que los indígenas asesinados no se dedicaban a la minería, una práctica extendida en esta zona del país, en algunos casos a través de negocios ilegales.

Otra fuente, Olnar Ortiz, abogado especialista en derechos humanos, aseguró que las autoridades lograron identificar a los tres indígenas jivi asesinados dos días antes en el Estado Bolívar.

En una publicación en Twitter, citada por El Nacional, Ortiz señaló que las víctimas son Wilmer Rodríguez Pérez, de 33 años de edad; Divier Rodríguez Pérez, de 32 años; y Jesús Dadure González, de 43 años.

Por su parte, la asociación civil KAPE KAPE reportó que el asesinato de los indígenas jivi ocurrió la mañana del martes 19 de julio, en la Parroquia Guarataro del Municipio Sucre.

-Se presume –indicó en Twitter- que los autores fueron los grupos armados que operan en la zona...Los familiares señalaron que las víctimas estaban en la zona haciendo mañoco, una harina a base de yuca nacional.

El caso de los indígenas asesinados por oficiales de la Fuerza Aérea y sectores del narcotráfico y las guerrillas colombianas, dueñas de una porción importante de nuestro territorio, no ha sido tratado con diligencia y hasta la fecha de redacción de este texto, 10 de agosto de 2022, permanece la más criminal impunidad. Ni el fiscal del narcodictador, ni el defensor del pueblo, ni la burocracia creada por la narcodictadura para proteger a los pueblos originarios, menos todavía los tribunales penales, nada han hecho para que prive la justicia, que sí procede con rapidez insólita cuando estos presuntamente atentan contra el régimen.

El 8 de agosto de 2022 la periodista Luisa Quintero, de TalCual, reportó:

-La Congregación de Misioneras Lauritas destacó que en los primeros meses de 2022 se han registrado ocho muertes de indígenas, es decir, una por mes, y ninguna de ellas ha sido esclarecida por las autoridades. Ejemplo de ello es el asesinato en Amazonas del líder del pueblo uwottüija Virgilio Trujillo, quien además pertenecía a la guardia indígena territorial de ese estado, rechazó este martes 9, en un comunicado, el aumento de la violencia contra los pueblos indígenas, en especial el incremento de los asesinatos contra líderes e integrantes de varias etnias del país.

La periodista añadió:

-En el escrito, las misioneras recordaron que cada 9 de agosto se celebra el Día Internacional de los Pueblos Indígenas, al tiempo que expresaron su «tristeza y rechazo a los actos de asesinatos que progresivamente han sucedido en el territorio nacional, contra personas pertenecientes a diferentes pueblos originarios, como yanomami, piaroa, jivi y pemón, entre otros».

Señalaron que son testigos «del inmenso sufrimiento y temor que experimentan las poblaciones indígenas que sobreviven a estos trágicos acontecimientos», y que levantan su voz «como personas de fe, sabiendo que el mandamiento de no matarás sigue vigente».

La congregación destacó que en los primeros meses de 2022 se han registrado ocho muertes, es decir, una por mes, y ninguna de ellas ha sido esclarecida por las autoridades. Ejemplo de ello es el asesinato en Amazonas del líder del pueblo uwottüija Virgilio Trujillo, quien además pertenecía a la guardia indígena territorial de ese estado.

Asimismo, apuntó:

-A más de un mes del hecho, la muerte de Trujillo no ha sido esclarecida y tampoco hay detenidos, pese a que el CICPC envió una comisión de investigadores para tratar este caso. Las organizaciones indígenas han alertado la desprotección que sufren por parte de organismos del Estado venezolano.

"No se habla de ninguna investigación al respecto, parece que no importa a nadie; aparentemente no le duele a nadie, aseguraron las misioneras Lauritas, presentes en Venezuela desde 1949 con la misión específica de acompañar a los pueblos indígenas.

Para las religiosas, todas estas muertes están relacionadas a las actividades ilegales de extractivismo en los territorios al sur del país, y que además están vinculadas al ecocidio y la violenta disputa de los territorios indígenas ancestrales. Por ello solicitaron que se haga seguimiento a todos los casos, se investiguen y se realicen los juicios correspondientes contra los culpables.

"Necesitamos unir fuerzas para que cesen estos actos que interrumpen la continuidad de la vida y la armonía de los pueblos indígenas", afirmaron.

El mismo medio, seis días antes, con información de Radio Fe y Alegría Noticias, había reportado que la muerte de Virgilio Trujillo es la segunda de un guardia territorial en Amazonas desde 2017, tras el asesinato del líder del pueblo uwottüija Freddy Menare, con el mismo modus operandi.

Igualmente destacó que las organizaciones indígenas han alertado la desprotección que sufren por parte de organismos del Estado venezolano, sin resultado.

-La Organización Regional de los Pueblos Indígenas del Estado Amazonas (ORPIA) –indicó- pidió, este 2 de agosto, justicia y que se esclarezcan las causas del asesinato del líder indígena y coordinador de la guardia territorial Virgilio Trujillo.

Trujillo, perteneciente al pueblo uwottüija, fue asesinado el pasado 30 de junio en Puerto Ayacucho, Amazonas. El coordinador de ORPIA, Eligio Dacosta, dijo que las investigaciones policiales "están bastante avanzadas", pero sin ningún tipo de resultados.

En todo caso, corresponderá a las autoridades informar sobre estos avances en la investigación policial, destacó. El 8 de julio, ORPIA y otras organizaciones introdujeron una solicitud de una medida de protección para los defensores de la selva.

Esta petición no ha obtenido respuesta del Ministerio Público.
(Ni la tendrá, a pesar de que ese organismo, que solamente sirve a los intereses de la narcodictadura, creó una dependencia para atender situaciones de los indígenas)

Al final TalCual precisó:

-Por lo pronto, los activistas indígenas y familiares de la víctima esperan que los culpables sean castigados. Días posteriores al asesinato de Trujillo, el CICPC envió una comisión de investigadores que se trasladaría desde Caracas al Estado Amazonas para investigar la muerte.

Dacosta recordó que el Estado tiene una deuda histórica con los pueblos indígenas al no haber demarcado los territorios indígenas, tal como lo establece la Constitución Nacional. Como parte de su agenda de exigencia de derechos, tienen previsto una movilización regional, nacional e internacional para octubre de 2022.

TRES MUJERES VÍCTIMAS INOCENTES DEL PRESUNTO MAGNICIDIO FRUSTRADO

La mente siniestra de Cilia Flores está detrás de la condena emitida el 4 de agosto de 2022, después de un juicio plagado de irregularidades, contra tres inocentes mujeres por una de las juezas de la narcodictadura, Hennit López Mesa, del Tribunal Primero de Primera Instancia con competencia nacional en casos de terrorismo.

La sentencia fue dictada en horas de la madrugada de ese jueves negro para la justicia venezolana, fecha en la cual se cumplía el cuarto aniversario del presunto magnicidio frustrado (léase tiranicidio) contra el narcodictador Nicolás Maduro, acto que tuvo lugar en la avenida Bolívar, de Caracas, en el marco de la celebración de los 81 años de la fundación de la Guardia Nacional.

Un reporte que lleva la firma de Luis Rodríguez, publicado el día siguiente de la criminal sentencia en el portal Reporte Confidencial, que se publica en Porlamar, Estado Nueva Esparta, identificó al trío de víctimas de la sumisa justicia chavo-madurista, a saber:

-Yanín Fabiana Pernía Coronel. Su defensa dijo que en prisión la torturaron y sufrió violencia sexual

Fue detenida arbitrariamente el 4 de agosto de 2018, cuando pasaba por una alcabala en el sector conocido como Masparro, en el kilómetro 25 de la autopista José Antonio Páez del Estado Barinas.

Tras su detención la trasladaron a la sede de la Dirección de Contrainteligencia Militar (DGCIM) ubicada en Boleíta, Caracas, junto con otras tres personas más. La señalaron presuntamente de estar involucrada en el intento de magnicidio contra Nicolás Maduro.

La joven sufrió desaparición forzada, torturas y violencia sexual. "Fue golpeada, colgada, electrocutada, asfixiada, ahogada, víctima de actos lascivos y aplastamiento de uñas", señaló su defensa.

Pernía fue presentada ante el Tribunal 1° de Control con Competencia en Terrorismo, con visibles rastros de tortura. Le imputaron los delitos de terrorismo, homicidio en grado de frustración, entre otros.

La madrugada de este jueves fue sentenciada a 30 años de prisión por presuntamente haber participado en el atentado contra Maduro. La defensa y sus familiares han negado que Pernía esté involucrada en los delitos que le imputaron.

Emirlendris Benítez. Fue detenida el 5 de agosto de 2018, cuando acompañaba a su esposo en un servicio de taxi que él hacía.

Las autoridades policiales los detuvieron en una alcabala de seguridad en el Estado Portuguesa y los trasladaron a Caracas. La acusaron de participar en el intento de magnicidio contra Nicolás Maduro;

desde entonces ha estado detenida por un crimen que aseguró no haber cometido.

Durante sus casi cuatro años de prisión ha sido víctima de torturas, tratos crueles y degradantes; además, sufrió un aborto, pues cuando la detuvieron tenía cuatro meses de embarazo. Estuvo detenida por un año en la sede de la Dirección de Contrainteligencia Militar (DGCIM) de Boleíta, en el Estado Miranda, hasta su traslado a la cárcel de mujeres.

Se le sentenció a 30 años de prisión, acusada de los delitos de homicidio calificado frustrado, terrorismo y traición a la patria.

El Grupo de Trabajo sobre las Detenciones Arbitrarias de la Organización de Naciones Unidas aseguró que su detención arbitraria y por lo tanto debería tener libertad inmediata.

Contra ella hubo torturas, tratos crueles y sufrió un aborto en la cárcel, como consecuencia de ello.

Ángela Lizbeth Expósito Carrillo. Fue detenida

el 23 de septiembre de 2018. La acusaron de ocultar de la justicia a Henryberth Enmanuel Rivas Vivas, presunto implicado en el llamado intento de magnicidio contra Nicolás Maduro.

Jorge Rodríguez, quien para ese entonces era ministro de Comunicación de la administración chavista, aseguró que la mujer lo escondía en su vivienda, ubicada en el Estado Miranda.

Es la directora de una organización de protección de animales. La señalaron de supuestamente mantener bajo su cuidado a unas mascotas de perseguidos políticos, particularmente el caso del perro de Oscar Pérez, según una declaración dada por Alfredo Romero, director de Foro Penal.

Se le condenó a pagar 24 años de prisión, por delitos que la defensa señala que no cometió.

HABLÓ EL GENERAL MANUEL CRISTOPHER FIGUERA

El 4 de agosto de 2022 el director del siniestro Servicio Bolivariano de Inteligencia Nacional al momento de ocurrir el atentado con drones contra el narcodictador Nicolás Maduro, general Manuel Cristopher Figuera, acusó a la primera combatiente, Cilia Flores de ordenar que procesaran a personas inocentes por el referido caso.

Según señaló TalCual, uno de los medios que divulgó las declaraciones del exfuncionario de la narcodictadura, en el proceso que condenó a una decena de venezolanos por un delito que no cometieron, se violó el Código Orgánico Procesal Penal.

Además, conforme al declarante, Maduro sabía que algo se estaba fraguando en su contra antes del evento, y él mismo pidió que se hiciera el desfile de la Guardia Nacional en un lugar distinto a Fuerte Tiuna, la avenida Bolívar.

Igualmente ratificó que hay personas inocentes que fueron sentenciadas por el caso del atentado contra Nicolás Maduro, entre ellas los generales Pérez Gámez, Hernández Da Costa, Juan Requesens y la joven Emirlendris Benítez.

TalCual aclaró después que en la entrevista concedida a EVTV Miami, Cristopher Figuera aseguró que tanto Maduro como la primera dama, Cilia Flores; el ministro de la Defensa, Vladimir Padrino López, y el director de la Dirección General de Contrainteligencia Militar (DGCIM), Iván Hernández Dala, sabían de las irregularidades del caso porque el director del SEBIN lo comunicó en una reunión donde ellos estaban presentes.

En ese encuentro, señaló Figuera en la referida entrevista, Cilia Flores, a pesar de ya saber que había personas inocentes, se limitó a decir "mala suerte" y que siguiera el proceso judicial contra todas las personas presuntamente vinculadas al caso.

De igual modo aseveró que el expediente de este caso era el único que guardaba en la caja fuerte que había en su oficina por ser el primero que revisó cuando llegó al SEBIN e indicó haber contratado abogados externos al organismo para determinar las verdaderas responsabilidades de esas personas en el hecho.

-Cree –apunta TalCual- que su sucesor, Gustavo González López, lo encontró una vez que fue designado al frente del organismo de inteligencia.

Asimismo, dejó claro que sabía que el caso tenía vicios y relató que cuando le llegó la orden de los traslados a tribunales las ejecutó, lo que le valió una reprimenda por parte de Maduro.

-Cristopher Figuera –indica el medio- refiere que recibió las órdenes de la Fiscalía e inmediatamente llaman al fiscal designado por la extinta asamblea constituyente, Tarek William Saab, para que diera explicaciones.

Al parecer, Saab le dijo que, si bien le llegaba la orden de traslados, él no debía ejecutarla. Sin embargo, respondió que él cumplía con lo que le ordenaban a hacer. Luego dijo haberlo encarado y manifestado que si quería que se hiciera cargo de las irresponsabilidades de la Fiscalía.

También comentó el general Figuera que hizo una investigación paralela porque consideraba que las evidencias eran inconsistentes.

-Incluso, -observa TalCual- mencionó que en la reunión donde estaba Cilia Flores denunció que esto estaba ocurriendo y que era necesario poner en libertad a quienes no estuvieran inmiscuidos en el problema.

Ante esa situación, Manuel Cristopher Figuera mencionó que optó por mejorarle la situación a los privados de libertad.

El reporte periodístico del medio registró luego:

-El exdirector del SEBIN reprochó que en el proceso se hayan dado violaciones al Código Orgánico Procesal Penal por llevar a cabo las audiencias en horas de la noche, ya que en el mismo articulado están establecidas las horas de trabajo de los tribunales.

Sí aseveró que los drones empleados el 4 de agosto de 2018 tenían cierto riesgo y afirmó haberle confesado a Maduro que desde el SEBIN se sabía de ese intento de magnicidio. "Yo también tengo esa información, le respondió este y le recalcó que "por eso es por lo que estás allí" en el SEBIN.

Rememoró que, en el caso del general Pérez Gámez, el sentenciado a 30 años lloró durante la entrevista que sostuvo con él en ese momento y reveló que el alto oficial había pensado en quitarse la vida porque sentía que Padrino López, a quien consideraba su amigo, lo abandonó y dejó que lo metieran preso sin razón.

Comentó que fue Maduro el que pidió ese año hacer el desfile en un lugar distinto a Fuerte Tiuna y fue el entonces comandante de la Guardia Nacional, Richard López Vargas, junto a Padrino López, los que decidieron que sería en la avenida Bolívar de Caracas. Refirió que acusan a Pérez Gámez por supuestamente revelar información secreta sobre el desfile, cuando lo que hizo fue dar la orden de operaciones y supervisar las maniobras.

En torno al general Hernández Da Costa, Manuel Cristopher Figuera dijo que el hoy general sentenciado a 30 años era envidiado por su brillantez e integridad. En ese sentido, comentó que Alexander Gramcko, de la DGCIM, hizo una especie de análisis e hizo una lista de sospechosos en el caso e incluyó a varios altos oficiales.

Del mismo modo aseveró que desde el Ejecutivo saben que él entregó información a la comisión que elaboró el Informe de Verificación de Hechos de la ONU sobre varios casos, entre ellos el de Roberto Marrero, y que le han llegado poco a poco información de gente que aún está dentro porque manifiestan preocupación por el tema de la no prescripción de delitos de lesa humanidad.

Al final destacó también que había personas, como el primer vicepresidente del PSUV, Diosdado Cabello, que sabían lo que iba a ocurrir y que no se presentaron al desfile. Además, denunció que la orden de captura contra Carla Angola se hizo solo para evitar que la gente hablara sobre las sentencias del caso del "intento de magnicidio".

LA DECLARACIÓN DEL GENERAL HÉCTOR ARMANDO HERNÁNDEZ DA COSTA

El 7 de agosto de 2022 el portal Costa del Sol, con información de la periodista Sebastiana Barráez, de Infobae, dio a la publicidad el reporte que sigue, ilustrativo del montaje que hizo la siniestra Dirección General de Contrainteligencia Militar sobre el caso del presunto atentado con drones contra el narcodictador Nicolás Maduro, que privó arbitrariamente de la libertad A 17 venezolanos, civiles y militares, tras violarles sus derechos humanos de juicio imparcial, y ser víctimas de torturas y tratos crueles y degradantes, delito de lesa humanidad contemplado en la Constitución de la República y en una ley especial sobre la materia:

-No puedo olvidar el día de mi detención, ni a mis torturadores y no tengo miedo, afirmó el militar acusado por el episodio de los drones. El juicio por el intento de magnicidio, o caso de los drones, que condenó a 17 personas desnuda lo que desde hace tiempo ocurre en la Dirección General de Contrainteligencia Militar (DGCIM) con la tortura, actas de investigación maquilladas, funcionarios que aparecen firmando actas en las que no participaron, mentiras ante el tribunal, violación de la cadena de custodia y simulación de hecho punible. En tres de esos casos se puede detectar cómo se montan expedientes y las declaraciones de los funcionarios que los descubren, como en los procedimientos de un hotel en Chacao, la detención de dos personas en el centro de Caracas y la detención del general Hernández Da Costa.

Queda al descubierto la praxis que la DGCIM aplica desde que el director de Investigaciones era el ahora general Franco Quintero y el subdirector era el General Manuel Ricardo Cristopher Figuera.

La periodista recomendó luego:

-Lean el relato del primer teniente (Ej) Raymer Amaro, quien aseguró haber detenido al GB Héctor Armando Hernández da Costa en la sala de espera de la DGCIM el 18 de agosto, cuando un video hecho por su hija y publicado la misma noche demuestra que en realidad fue detenido cinco días antes, el 13 de agosto, en su apartamento y frente a su familia.

Así inicia su relato el Primer Teniente (Ej) Raymer Amaro: "El 18 de agosto 2018, el Director me pidió que ejecutara la orden de aprehensión. Fui a la sala de espera de la DGCIM, en Boleíta, donde estaba un hombre con jean, camisa manga larga de cuadros, le pedimos identificación y se le notificó la orden de aprehensión dada por la juez Carol Padilla, y los motivos", dice que eso lo hizo con los funcionarios Reimi Moreno y Carlos Colmenares.

Relata que la inspección corporal del oficial la hizo Moreno, quien le encontró un teléfono móvil. Explica que, para llegar a esa Sala de Espera, se pasa por la oficina del director, pero no supo explicar cómo llegó ahí el alto oficial, si cualquier persona no puede entrar. Cuando le preguntaron si sabía que la detención de Hernández Da Costa había sido grabada, respondió que no, para después decir que no recordaba cómo estaba vestido el General, pero asegurando que lo detuvo en la sala de espera.

Después indicó:

-La respuesta del general de brigada (GNB) Hernández Da Costa ante la declaración, en el tribunal, del funcionario de la DGCIM Raymer Amaro, fue airada. "Desmiento a una persona que dice ser oficial de la Fuerzas Armadas, quien ha actuado de manera irresponsable, dando muestra pálida de su profesionalismo. Vino a mentir, con el consentimiento del Ministerio Público, quien ha orquestado una patraña".

"Fui detenido la noche del 13 de agosto 2018 en mi apartamento, ubicado en Los Palos Grandes. Es un hecho público, porque mi hija tuvo la sabiduría, honrando a su padre, y divulgó al mundo que yo había sido detenido. Ese día 13 de agosto fui objeto de una violación flagrante de mis derechos fundamentales, porque los funcionarios que llegaron a mi casa no poseían orden de detención alguna, contraviniendo la Constitución. Yo estaba haciendo unas arepas para mis hijos y lo he dicho en todas partes", relató.

Dirigiéndose al fiscal Farik Karin Mora Salcedo: "¿Por qué no se ha identificado a la veintena de hombres que fueron a mi casa a detenerme?" Preguntó dónde está el Mayor Néstor Neptalí Blanco Hurtado alias Ezequiel, quien dirigió el operativo de su detención. "Eso lo sabe Farik Mora y es que además Farik les da una clase antes de venir para acá y vemos como mienten. Es un delito en plena audiencia. Yo no, porque soy el acusado, declaro sin juramento y, sin embargo, le juro por mis hijos y por mi esposa que digo la verdad".

Posteriormente, en el intertítulo "Estaba en los cuartos de tortura", se lee:

Explicó el alto oficial en el juicio que el 1Tte Raymer Amaro al mentir "proyecta o explana el tipo de funcionario para hacer constar el magnicidio frustrado. Han debido escogerse a los mejores. Son tan descarados que ante una realidad dice que mi detención fue el día 18", recordando que en realidad fue el 13 de agosto cuando se lo llevaron de su casa "me metieron en la maleta del vehículo, me amordazaron y me amarraron. Cuando van rumbo a la autopista, aproximadamente por el estadio universitario, pregunta si me llevan a la montaña y dijeron que no, porque ya eso salió en las redes".

Aseveró que estuvo "maltratado y sometido a tratos crueles e inhumanos, mientras estaba convaleciente de 4 intervenciones quirúrgicas. Ese señor Raymer Amaro me tuvo desde el 13 hasta el 19 en la sede de la DGCIM, donde me tenían esposado, sometido a torturas. ¿Por qué buscar a tres funcionarios para detener a una persona que estaba sometida? Estaba en los cuartos de tortura y el ascensor alternadamente".

Llamó la atención en lo declarado por el 1er. Tte Raymer Amaro al decir que estuvo acompañado por Carlos Colmenares. Hernández Da Costa dice: "La noche que llegué a la DGCIM, al lado mío estaba Carlos Colmenares, con unas esposas puestas, simulando ser un detenido más. ¿Cómo de ser simulador de un hecho punible, estaba en shock, en estado de absoluto desconcierto y diciéndome Carlos Colmenares, que hablara para que no me pasara lo mismo? Rechazo por falsa, por carecer de idoneidad por ser antijurídica la detención de ese testigo".

Después se destaca:

"Yo no puedo olvidar el día de mi detención, ni a mis torturadores y no tengo miedo. He sufrido 3, 4, 5 allanamientos que no constan en el expediente, porque hasta a mi madre, también la allanaron, dizque buscando objetos para las guarimbas".

Inquirió a que se buscara lo que fue obligado a firmar como derechos del imputado. "Si no lo han modificado dice BP que quiere decir, que firmo Bajo Protesta. Se lo he dicho juez, este señor fiscal escuchó las torturas y usted va a tener que responder ante la justicia, porque en un futuro no muy lejano, los detenidos serán otros. Va a tener que responder ante la República, porque no me voy a ir de aquí", dijo mientras los otros acusados aplaudían y la jueza les llamaba la atención.

Pero el General Hernández continuó: "Y van a tener que responder en esa sala de espera a la que se refiere, porque es un sector que no tiene ni nombre, no está identificada, ese señor ha debido verme mientras estaba sometido a tortura. Miente doble, porque no fue a los Palos Grandes, ni me detuvo allí. Me detuvo Carlos Colmenares y me mostró la orden; la gravedad es que suscribe un acta de un procedimiento que nunca realizó".

La jueza ordenó retirar a los acusados que aplaudieron, por lo que el alguacil sacó a la mayoría de ellos y ese día se suspendió la audiencia.

Posteriormente, en el intertítulo "El hotel", la periodista apuntó:

-Esto dijeron los cuatro funcionarios de la DGCIM que llegaron la noche del 4 de agosto 2018 a un hotel ubicado en Altamira buscando a cuatro personas.

Capitán José Antonio Luna Maldonado, jefe del grupo II y segundo al mando del equipo que dirige el teniente de Navío Abel Reinaldo Angola García alias

Aureliano, quien a su vez respondía al ahora exdirector de Investigaciones de la DGCIM, el entonces coronel Rafael Antonio Franco Quintero. Cuando le preguntaron sobre la diligencia que hicieron en un hotel de Altamira, cuya acta él suscribe junto con el inspector Raymer Amaro, Francisco Yari y Anderson Salazar, dijo que la noche del 4 de agosto 2018, le ordenaron ir a ese hotel.

"Nos dirigimos a dos habitaciones, una alquilada del 01 al 05 de agosto 2018 y la otra del 01 al 04 de agosto, pagadas por transacciones electrónicas, a nombre de 4 personas". "Había una comisión del SEBIN". En una de las habitaciones "los inquilinos se habían ido muy recientemente porque aún había olor a cigarrillo, no encontramos a nadie". Con la administración del hotel lograron "un recibo de pago de la habitación, mientras otros de la comisión veían las cámaras, pero no había grabación en el hotel".

En la otra habitación asegura que estaban Yilber Alberto Escalona Torrealba, Henriberth Emmanuel Rivas Vivas y Gregorio José Yaguas. "Las habitaciones estaban vacías", según dijo, no tomó fotos del lugar y asegura que olía a humo, pero no había cigarrillo.

Anderson del Jesús Salazar Fermenal relató que fueron a ese hotel para saber si se habían hospedado personas involucradas con los sucesos de la Avenida Bolívar. "Se veía que había personas recientemente, había colillas de cigarro", pero después dice que él no entró a las habitaciones, pero que sus compañeros comentaron que las había. En lo que sí coincide con Luna es en afirmar que no había grabaciones.

También afirma que había dos funcionarios del Servicio Bolivariano e Inteligencia (SEBIN), que llegaron al lugar, hicieron el mismo recorrido, pero ignora si entraron a los dormitorios.

Subinspector Francisco José Yari Gámez alias Fabián alias Toyota contó que la comisión se conformó sobre una dirección de hotel, hablaron con el recepcionista, "se confirmó un nombre involucrado en un hecho y se le pregunta al recepcionista si esa persona estaba hospedada en el hotel". Confirma la inexistencia del video de grabación y aseguró que tampoco entró a ninguna de las habitaciones. Como todos los anteriores tampoco sabe quién redactó el acta de investigación que firmó.

Inspector Primer teniente (Ej) Raymer Amaro Guédez: "Una de las habitaciones, tenía la puerta abierta y no había nadie dentro de la habitación. Le preguntamos si podíamos ver el circuito cerrado de las cámaras y nos dicen que por mantenimiento no estaban grabando. Notificamos a la superioridad y nos retiramos del lugar". No está seguro si entró a una de las habitaciones "había restos de comida y cigarro ya consumido y olor a nicotina, en el lugar". Es el único que indica que el acta la redactó el jefe de la comisión.

En el último intertítulo del reportaje, "El control del drone", su autora escribió:

-Curamichate es el nombre de una famosa esquina a unos metros del Palacio Federal, en el centro de Caracas y a unos pasos de la Avenida Bolívar donde ocurrió el caso de los drones.

Francisco Yari: la comisión además la integró Raymer Amaro y Oscar Camacho, jefe de la comisión. En esa esquina se detuvieron a dos personas en una camioneta Explorer negra. No recuerda si recogieron algo de interés criminalístico. Asegura que los dos hombres detenidos estaban en un vehículo negro, con un control remoto blanco en ambos lados, para colocar un teléfono. Primero dice que no sabe si los aprehendieron, después dice que sí los aprehendió la DGCIM. No revisaron ningún otro vehículo, solo esa camioneta y dice que las personas en el lugar decían que los dos hombres estaban en ese vehículo. No conoce a Peraza, José ni Liliana.

Aunque dijo que a las 5 de la tarde estaba en la Avenida Bolívar no supo decir en qué sitio de la misma. "No conozco la avenida Bolívar", alegó. Dijo no recordar en qué sitio exacto se encontraba, no sabe qué dijeron en la detención, tampoco la hora de los hechos ni el número de funcionarios que participaron en ese procedimiento, mucho menos quién redactó el acta ni siquiera si les hicieron preguntas a los detenidos o el contenido del acta. Ante la pregunta ¿por qué los detienen? Responde "por la actitud del público". "¿Por qué determina que son sospechosos? Por su actitud de quererse ir".

Primer Teniente (Ej) Raymer Amaro: "A eso de las 5pm oímos una explosión. En la esquina de Curamichate varias personas habían rodeado un vehículo, en el que hicimos revisión ocular y se encontró un aparato electrónico, un control: a raíz de eso identificamos a los ciudadanos, uno con identificación y el otro no, a quien tenía la Policía Nacional, que nos lo entrega y los llevamos a la sede principal".

Los funcionarios del Cuerpo de Investigaciones Científicas Penales y Criminalísticas (CICPC) y SEBIN les dijeron que el componente electrónico era un drone, dice Amaro, quien identifica el vehículo como un Chevrolet Orlando color negro.

Relata que junto con Camacho encontraron dentro del vehículo un control inalámbrico de una nave tipo drone. Para entrevistarla, según dijo, se llevaron a una mujer de nombre Heredia. Tampoco sabe decir en qué parte de la avenida Bolívar estaba ubicado "era donde estaba el Presidente". Dice que escuchó la detonación y no supo dónde fue, solo que fue un sonido fuerte.

Asegura que estaba en la Avd. Bolívar desde las 2 de la tarde. Ante la pregunta de por qué Yari o Camacho estaban ahí a las 2 de la tarde dijo que "cumpliendo instrucciones de la superioridad y labores de contrainteligencia".

"Cuando llegamos la PNB los tenía ahí detenidos preventivamente", dice porque sospecharon que habían participado en el intento de magnicidio. La PNB les entrega a los detenidos. "Llamé al Director de Investigaciones quien dijo que llevara a los detenidos a la sede".

"Revisé el vehículo, encontré el control inalámbrico y como se hablaba de detonación de explosivo me generó sospechas. El director nos informó lo ocurrido en la avda. Bolívar", recuerda. "¿El CICPC? Llegó después de nosotros y yo ya había revisado el vehículo y encontrado el control". "Yari no estaba al momento de la aprehensión".

¿Por qué la narcodictadura detuvo a este pundonoroso general venezolano?

Un artículo publicado en el portal La Patilla el 8 de agosto de 2022 por Raúl Ochoa Cuenca le dio respuesta a esa interrogante.

-Deseo hacer referencia –escribió en el inicio del artículo- a un brillante ciudadano venezolano quien creyó que sus aptitudes físicas e intelectuales las podía poner al servicio de su patria, pero que la inocencia de un manso pueblo, y para rematar es un pueblo de muy corta memoria, esa aspiración se convirtió en una desgracia para él, para su familia y no solo, sino para la sociedad venezolana en general.

Principio del formulario
Final del formulario
Cuando en el año de 1985 Héctor Hernández Da Costa decidió emprender sus estudios como cadete en la Academia Militar de Venezuela, seguramente no imaginó que después de 33 años y de haber sido uno de los estudiantes más brillantes que haya pasado por lo que anteriormente fue una ilustre casa de estudios, donde en sus aulas se formaban hombres dignos, leales servidores del pueblo y garantes de las libertades de la patria que Bolívar con sangre emancipó para que sirviese al mundo como ejemplo de libertades, se encontraría en una mazmorra por una decisión de la compañera de vida de Nicolás Maduro (…) quien está solicitado por las autoridades judiciales de los Estados Unidos de América, acusado de crímenes de lesa humanidad, ofreciéndose 15 millones de dólares para quien colabore con su captura. Siendo él mismo, Nicolás Maduro quien se hace llamar presidente constitucional de Venezuela.

Luego indicó:
-Ante la impotencia de los demócratas venezolanos frente a hordas disfrazadas de militares,

quienes anteriormente, cuando eran realmente militares honraban aquella histórica frase de la anteriormente respetada y admirada Guardia Nacional: El Honor es Nuestra Divisa, y ante la ilegal, por inconstitucional decisión de un magistrado quien no administrando justicia, a este Guardia Nacional (General), lo sentenció a 16 años de prisión no podemos que constatar cómo la supresión de los derechos básicos de la población venezolana es política de estado.

El hoy general de brigada Hernández Da Costa se graduó como subteniente en 1989 ocupando el primer lugar en el orden de mérito y con mención summa cum laude. También realizó el Postgrado de Especialización en Criminalística en el Instituto Universitario Policía Científica (1994-1995), donde se destaca como alumno de honor y recibe la mención summa cum laude. Entre 1996-1997 hizo el Postgrado de Especialización en Gerencia de Seguridad Pública en la Escuela Superior de la Guardia Nacional Bolivariana, obteniendo la mención summa cum laude. Entre 2004-2005 realizó el Curso de Comando y Estado Mayor con participación internacional en la Academia Superior de Mando de la Fuerza Armada Alemana (Clausewitz Kaserne) en Hamburgo, Alemania, curso donde fue el alumno extranjero más destacado obteniendo la Mención Excelente. Habla correctamente alemán.

Cabe advertir que el teniente coronel (retirado) Hugo Chávez Frías no pudo aprobar los exámenes finales de Estado Mayor y, por vía excepcional, se le hizo un examen de reparación que a duras penas superó. Ese personaje, que sus seguidores califican de comandante eterno, creó una jerarquía superior "ad hoc" de comandante en jefe, cuyo uniforme heredó el narcodictador Nicolás Maduro y multiplicó con el diseño de los cuatro componentes de las Fuerzas Armadas. Ese siniestro individuo, usurpador de la presidencia de la República, tiene disfraces de la Guardia Nacional, a cuyos actos no asiste por miedo, del Ejército, de la Fuerza Aérea y de la Naval

Para concluir escribió:

-Pero antes de finalizar esta muy limitada reseña de Hernández Da Costa, creo importante como una muestra más de la podredumbre de estos delincuentes enconchados en el Palacio de Miraflores, transcribir una declaración que el general (retirado) Cristopher Figuera diera al diario venezolano Tal Cual: El ex jefe del SEBIN dijo que el general Hernández era envidiado por su brillantez e integridad. En ese sentido, comentó que Alexander Gramcko, el encargado de los interrogatorios y de las torturas en la Dirección General de Contrainteligencia Militar, hizo una especie de "análisis" e hizo una lista de sospechosos en el caso e incluyó a varios altos oficiales estando conscientes de su inocencia, entre ellos al general Hernández. Durante ese juicio sumario en un salón de Miraflores y presidido por la inefable Cilita, cuando a ella le preguntaron qué hacían con este brillante oficial ya que todo indicaba que era inocente de ese "manipulado" magnicidio, la académica y primera combatiente (sic) respondió en un bello e impoluto castellano: "Mala suerte para él, que se friegue". Realmente la académica doña Cilita utilizó otro verbo, uno soez, como era de esperarse.

Concluyo con una frase que leo en las redes sociales a un General hoy en exilio y exprofesor de Hernández en la Academia Militar: "Estoy tan seguro de la inocencia del general Hernández Da Costa de los delitos de los cuales se le acusa, que, siendo tan brillante, pero tan brillante, que, si de verdad hubiese llevado a cabo el ataque, el preso sería Nicolas Maduro y no él".
(Este artículo fue escrito en Anfi del Mar, España, el 7 de agosto de 2022. Su autor es licenciado en Ciencias Jurídicas y Profesor de Derecho Internacional Público. Se publicó en otros medios, además de La Patilla)

UN SEMESTRE NEGRO PARA LOS DEFENSORES DE DERECHOS HUMANOS

El 26 de julio de 2022 la periodista Daniela L., de El Diario, reportó:

-Los defensores de derechos humanos en Venezuela fueron objeto de 214 ataques durante los primeros seis meses del año 2022. El Centro para Defensores y la Justicia (CDJ) publicó un informe en el que quedaron documentados los casos.

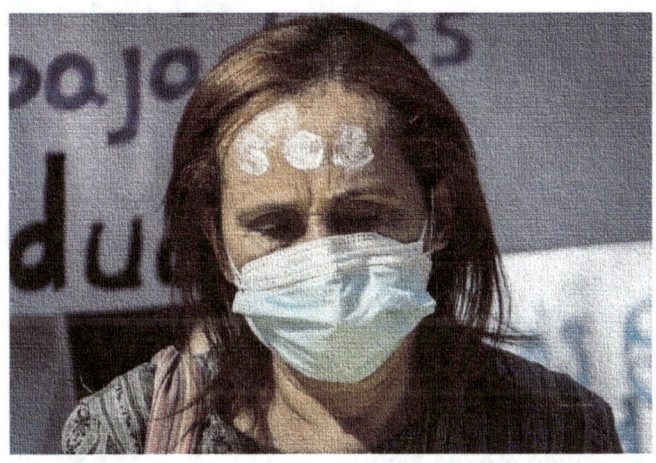

La organización no gubernamental (ONG) explicó que entre enero y junio se evidenció que el Estado venezolano avanzó en la ejecución de patrones para obstaculizar, afectar y limitar el trabajo de quienes defienden los derechos humanos de los ciudadanos.

Luego explicó:

-Algunos de los mecanismos empleados por grupos oficialistas o instituciones estatales fueron amenazas, hostigamiento, intimidación y campañas de estigmatización. El CDJ advirtió que esto sigue ocurriendo de forma constante.

En comparación con el mismo periodo del año 2021, los ataques se redujeron en 43 %. En ese momento se registraron 374 casos de este tipo. Pese a esta disminución, la ONG alerta que aún representa un alto riesgo ejercer la defensa de los derechos humanos en el país.

Respecto a los detalles de las agresiones la periodista señaló:

-De los incidentes, 146 respondieron a estigmatización contra defensores y organizaciones, 45 fueron situaciones de hostigamiento, 14 representaron amenazas, hubo dos judicializaciones, dos ataques digitales y también cinco hechos no identificados.

El informe analizado por la periodista reveló igualmente que en el mes de marzo se documentaron 51 casos, por lo que fue el periodo con más situaciones violentas contra defensores de DD HH, seguido de los meses de mayo, con 46 incidentes y de junio, con 43 hechos.

-También –indicó- se registraron 33 casos en febrero, 27 de abril y 14 en enero.

La organización especificó que 29 % de los ataques (63) fueron directamente contra personas defensoras, mientras que 71 % de los hechos (151) afectaron a organizaciones de derechos humanos.

El CDJ responsabilizó a funcionarios públicos por 30 % de los ataques, a medios de comunicación gubernamentales por 22 % de los hechos, a instituciones públicas por 10 % de los incidentes y a organismos de seguridad por 7 % de los casos.

Añadieron que el resto de los ataques fueron ejecutados por otro tipo de personas o instituciones.

En la siguiente parte del informe la periodista destacó que el mismo advirtió que el régimen de Nicolás Maduro ha llevado una política de criminalización contra las organizaciones y defensores de derechos humanos en Venezuela.

Foto: José Daniel Ramos

-La organización –puntualizó- señaló que en el primer semestre de 2022 se siguió calificando a quienes trabajan por la defensa de los derechos como "enemigos internos que buscan desestabilizar la paz de la nación". Alegaron que por esto el Estado empleó

medidas restrictivas para el ejercicio de esa labor.

Entre las acusaciones que recibieron los defensores por parte de grupos oficialistas están las de trabajar en función de intereses extranjeros, promover actividades injerencistas o publicar información falsa sobre la situación del país.

Al final la periodista expresó:

-El CDJ incluyó en su informe un llamado al Estado para cesar con la política represiva y permitir las actividades de los defensores en el territorio nacional. Además, pidió la derogación de leyes y normas que criminalizan a quienes defienden y exigen los derechos fundamentales de los venezolanos.

EL AUTODENOMINADO PRESIDENTE OBRERO REPRIME A LOS SINDICALISTAS

El 27 de julio de 2022 el portal La Patilla, con información de La Prensa de Lara, reportó:

-Las primeras dos semanas de julio dejaron como saldo la detención de seis dirigentes sindicales en Venezuela. Tres militan en el partido izquierdista disidente del chavismo, Bandera Roja. Se trata de Alcides Bracho, Gabriel Blanco, Emilio Negrín, Alonso Meléndez, Reynaldo Cortés y Néstor Astudillo. Para representantes de las ONG de derechos humanos, la medida representa un nuevo patrón de represión contra la disidencia opositora orientada a desmovilizar las marchas por reclamos salariales o beneficios sociales.

Respecto a estas detenciones el abogado Manuel Virgüez, director de Movimiento Vinotinto en Lara, expresó:

-Es una política de criminalización contra la asociatividad y contra el derecho a la manifestación. Los delitos que se les imputa a estos sindicalistas es asociación para delinquir, instigación al odio y delitos tipificados en la Ley Orgánica Contra la Delincuencia Organizada y Financiamiento al Terrorismo.

Según la fuente citada por La Patilla estos presos políticos fueron ubicados en un centro de reclusión de la Policía Nacional..., entre Boleíta, conocido como Zona 7, La Yaguara y La Quebradita en Caracas.

-Destaca –advirtió- el caso de Emilio Negrín que fue sacado de su casa el 5 de julio por funcionarios de la Dirección General de Contrainteligencia Militar (DGCIM), siendo presidente de la Federación de Trabajadores Tribunalicios y miembro de la Coalición Sindical Nacional, una de las cinco centrales sindicales opositoras más grandes de Venezuela.

El autodenominado presidente obrero, ha resultado ser un enemigo declarado de la clase obrera y de los gremios sindicales que la agrupan para obtener reivindicaciones sociales y defender los derechos consagrados en la Constitución Nacional

Sobre este zarpazo de la narcodictadura contra el sindicalismo, expresó Martha Tineo, abogada y coordinadora General de Justicia Encuentro y Perdón (JEP):

-Nos preocupa muchísimo esta situación porque hemos visto cómo en determinados momentos en coyunturas sociales, la narrativa del Gobierno se ha convertido en foco de persecución del movimiento estudiantil, los partidos políticos, medios de comunicación, defensores de DD. HH., y ahora esa violencia la estamos viendo contra la dirigencia sindical. Este grupo social está siendo identificado por el régimen como contrario, obstáculo, molestoso e inconveniente. La jurista también ve con preocupación, cómo organismos como la Organización Internacional del Trabajo (OIT) ante esta ola de persecución no se haya pronunciado al respecto, considerando que esta organización vela por los derechos de la libertad sindical.

Sabemos que la guerra de Ucrania, la recesión económica que está en atención prioritaria de los organismos internacionales claramente, hace que el tema Venezuela de alguna manera se esté abandonando, está dejando de ser importante en la agenda internacional. No estamos viendo grandes reacciones en este sentido y justamente por eso estamos haciendo este trabajo de llamar la atención, de que los ojos se volteen porque Venezuela está en medio de un nuevo ciclo de persecución política.

Más adelante se lee:

-Desde finales de 2020, en el país el chavismo también ha aplicado medidas de persecución contra defensores de derechos humanos. De acuerdo con el Centro para los Defensores y la Justicia, en el primer semestre de 2022 se registraron 214 agresiones a miembros de ONG que implicaron amenazas, intimidación, hostigamiento y campañas de estigmatización desde los canales del Estado o propiciadas por funcionarios de seguridad.

Alertamos que reforzar la tesis de que quienes defienden, denuncian y exigen DD. HH., son enemigos internos del Estado, resulta peligroso para quienes realizan esta labor en tanto pueden derivar en graves afectaciones a la vida, libertad e integridad personal", reseña el informe del Centro para los Defensores y la Justicia.

EL VERGONZOSO INFORME DE MICHELLE BACHELET

El 28 de julio de 2022 La Patilla le dio publicidad a una Nota de Prensa de la parlamentaria Delsa Solórzano en la que ésta fijó su posición sobre el informe presentado por la Alta Comisionada Para los Derechos Humanos, Michelle Bachelet, a final de su gestión.

-Como "vergonzosa" –señaló la Nota de Prensa- calificó la presidente de la Comisión Especial de Justicia y Paz Delsa Solorzano, el informe final de mandato de Michelle Bachelet como Alta Comisionada de Derechos Humanos, durante un balance presentado este jueves en un foro organizado por la referida comisión.

Lo que ha dicho la señora Bachelet en su último informe con relación al caso Venezuela es vergonzoso, parece escrito por un funcionario del régimen, no parece escrito por una persona dedicada a la labor de defender los derechos humanos de una nación oprimida como la nuestra.

La parlamentaria dijo además que destacar, en el informe, que en el país la situación de DDHH mejoró es una burla para las víctimas.

-Pretender decir –argumentó- que se da por satisfecha la justicia en casos atroces como los del capital Acosta Arévalo o del concejal Fernando Alban y tantos otros, es una burla no solamente para las víctimas, sino que deshonra a nuestros héroes asesinados.

Solórzano agregó que el referido texto, más allá de que en efecto destaca que en el país hay tratos crueles y torturas, «tristemente desconoce varios hechos que son de suma gravedad como, por ejemplo, el hecho que se ordenó en su momento que se cerraran los calabozos de prisioneros políticos y hoy siguen operando.

-La oficina de la señora Bachelet –aseveró- no ha ingresado a las cárceles como debería

Por su parte Marta Tineo, coordinador general de la organización de DDHH Justicia, Encuentro y Perdón, detalló que en los últimos cinco años, la oficina de la Alta comisionada de Derechos Humanos para Venezuela «realizó una reseña pormenorizada y exhaustiva de la realidad, de la crisis de derechos humanos que ha enfrentado nuestro país, claramente además de narrar la historia, de hacer exhortos y recomendaciones, evidentemente la situación de Venezuela, al ser tan grave, demanda acciones concretas y allí pudiera estar el gran reclamo».

Dijo también que para los venezolanos poco importan los exhortos y recomendaciones "si en el siguiente informe van a reseñar que ya no son 100 sino 200 los torturados, que ya no son 200 los presos políticos sino 300 o que subió o bajó la cifra, más allá de valorar la actuación de Bachelet, lo cierto es que lamentablemente estos organismos no tienen las capacidades que la urgencia de la situación de Venezuela demanda.

Tineo recordó igualmente que la situación venezolana se está reseñando desde hace más de una década y lejos de mejorar se agrava cada día.

-Aseguró –registró la Nota de Prensa- que una decisión que debería tomar el Consejo de Derechos Humanos, durante el próximo ciclo de sesiones de septiembre, es renovar el mandato de la Misión Internacional Independiente de Determinación de Hechos para Venezuela, porque sin duda los informes que realizan y alimentan el proceso de investigación que se sigue ante la fiscalía de la Corte Penal Internacional, han sido una suerte de muro de contención.

Mientras que Molly De La Sotta, directora de la Organización de Familiares de Presos Políticos, aseguró que resulta doloroso leer el informe de Bachelet en el que reconoce las reformas policiales y "habla bien del régimen, asegurando que ha cooperado".

Del mismo modo dijo que los familiares de los prisioneros de la dictadura deben seguir denunciando para lograr mejores condiciones para ellos y lamentó que en el informe no se mencionara la huelga de hambre y el intento de suicidio de presos políticos desesperados por las torturas a las que son sometidos con frecuencia dentro de los calabozos que, en muchos casos, "tienen el tamaño de un closet y no cuentan con ventilación".

COLECTIVOS CHAVISTAS AGREDIERON A VECINOS EN LA CANDELARIA

El 5 de abril de 2014 los círculos del terror agredieron a vecinos durante una asamblea ciudadana que se llevaba a efecto en la Parroquia La Candelaria, de Caracas.

Sobre ese hecho violento, que pudo haber sido evitado por efectivos de la Guardia Nacional y la Policía Nacional presentes en el lugar, el diario Últimas Noticias, con información de una Nota de Prensa, reportó:

-En el medio de una asamblea nocturna en la Plaza Candelaria donde sería ponente el líder ciudadano Jesús "Chuo" Torrealba, la cual fue saboteada por presuntos colectivos violentos a través de intimidaciones, insultos, empujones y hasta agresiones físicas que lograron disolver la actividad.

El saldo fueron unos golpes que recibió el luchador social y periodista Carlos Julio Roja, amenazado con un arma de fuego, vecinos a quienes les lanzaron objetos y hasta se escucharon dos disparos desatando la alarma en la parroquia.

La fuente añadió:

-Carlos Julio Rojas, coordinador del Frente en Defensa del Norte de Caracas, explicó como de forma espontánea, vecinos de Candelaria se concentraron en la plaza para esperar a Jesús Torrealba para con él debatir los problemas de la comunidad y la realidad del país, pero la respuesta de un grupo de personas que se identificaron como supuestos oficialistas, fue desatar la violencia cargada de insultos y ofensas.

Rojas explicó sobre la agresión:

-Como 70 ciudadanos nos encontrábamos pacíficamente ejerciendo nuestro derecho a la protesta ciudadanos mediante una asamblea junto a Chuo cuando unos colectivos integrados por 25 personas muchas de estas en actitud violentan comenzaron a insultar, empujar y agredir a la comunidad, bajo la mirada cómplice de la Policía Nacional y la Guardia Nacional.

Después relató cómo en medio de todo el caos generado por las amenazas e insultos de los colectivos, dos de ellos lo comenzaron a agredir llegado incluso a darle una patada en el estómago y un golpe en el mentón, acción que calificó de fascismo puro.

-En el momento en que se abalanzaron contra mí –detalló- me tocó correr ya que estos estaban armados gracias a Dios logré escapar, todo ocurrió frente a la Guardia del Pueblo. Podrán agredirnos y golpearnos, pero no desatarán nuestro odio, no es chavismo vs oposición sino pueblo unido contra un gobierno facho".

Responsabilizó de cualquier cosa que le ocurra a él o a los vecinos de Candelaria y el norte de Caracas al ministro de Interior Justicia y Paz Miguel Rodríguez Torres y al alcalde de Libertador Jorge

Rodríguez, quienes en su opinión son cómplices de estos hechos de violencia.

> *Ironías de la vida. Miguel Rodríguez Torres es a la fecha de redacción de este capítulo, 29 de julio de 2022, prisionero de la narcodictadura a la que sirvió, enfermo y privado de atención médica. Además, el régimen dictatorial de Nicolás Maduro, arbitrariamente, lo despojó de su grado de general*

En la Nota de Prensa reseñada por Últimas Noticias se revela que una vecina de La Candelaria, quien por su seguridad prefirió no revelar su nombre, reveló cómo en medio de las agresiones ella recibió un golpe en la cara por parte de una mujer que se identificaba como una supuesta militante chavistas y de las comunas.

-Nosotros –apuntó- actuamos de forma pacífica y la respuesta es la violencia con insultos y ofendas cargadas de odio, soy una mujer de la tercera edad no respetan las canas, pero seguiré luchando por mis nietos.

HABLA EL PRESIDENTE DE LA CONFERENCIA EPISCOPAL VENEZOLANA

El 6 de abril de 2014 Juan Francisco Alonso, de El Universal, escribió:

-Perseverancia u obstinación. Da igual cuál sea, lo cierto es que alguna de estas características parece sobrarle a monseñor Diego Padrón, quien, pese a ver cómo su llamado a las autoridades para que cesen la represión contra los estudiantes que participan en manifestaciones, para que desarmen a los grupos civiles identificados con el oficialismo y convoquen a sus adversarios a un diálogo de iguales con una agenda, parece haber sido desoído, insiste en su exhortación.

Luego indicó que en conversación telefónica monseñor Diego Padrón, presidente de la Conferencia Episcopal Venezolana le confió que "El único camino para normalizar la situación es el diálogo con las condiciones que hemos señalado: una agenda, un programa y unas condiciones de igualdad".

CICUNE.ORG

Después apuntó:

-El miércoles la presidencia de la CEV emitió un duro comunicado en el que responsabilizaban al Gobierno de la actual crisis y le exigían dejar de reprimir y sentarse a conversar. Sin embargo, visto lo que ocurrió el jueves en la Universidad Central de la Venezuela podemos llegar a la conclusión de que las autoridades siguen en sus treces y no piensan moverse un ápice. ¿Qué responde usted?

El entrevistado contestó:

-El mensaje de nuestro comunicado se mantiene. Nosotros hemos señalado allí la necesidad de que el Gobierno controle a esos grupos civiles armados porque de otra manera habrá más violencia. Nosotros sabemos que la violencia genera más violencia. Ahora bien, nosotros entendemos que esos grupos pertenecen al sistema y que es difícil para el sistema hacer un cambio que sería radical, porque esos grupos son de defensa del sistema.

A lo cual el periodista observó:

-Pero los últimos acontecimientos no dejan en claro que no hay posibilidad de diálogo. ¿Usted en realidad cree el Gobierno y también la oposición, la cual ha sido incapaz de desmarcarse de actos violentos como las guarimbas, quieren sentarse a hablar?

Respuesta:

-Por supuesto, es que el diálogo es un hecho que viene de la razón, de la conciencia y de la confianza en que todo puede ser mejor. Nosotros tenemos la capacidad y voluntad de cambiar las cosas. El diálogo es algo fundamentalmente racional no emotivo.

El periodista:

-Insisto: La represión a las manifestaciones y el no desarmar a los grupos civiles, por un lado; y el mantenimiento de las barricadas, por el otro, ¿no son señal de que ninguno de los sectores quiere sentarse a dialogar?

Respuesta:

-Eso es difícil determinarlo, pero yo soy optimista y me mantengo optimista creyendo que en el fondo hay voluntad de dialogar, de querer resolver la situación por otro camino. Los días, las semanas, nos irá diciendo si estoy equivocado.

El periodista:

-Ustedes atribuyeron la actual crisis al "Plan de la Patria". ¿Solo esa iniciativa es la culpable? ¿Esto no es producto de la manera sectaria y poco dialogante como el anterior Presidente gobernó y como su sucesor pretende seguirlo haciendo?

Respuesta del entrevistado:

-Partiendo del hecho de que la crisis tiene una génesis multifactorial, en eso creo que coincidimos todos, mantengo que la aplicación del "Plan de la Patria" es el problema. El "Plan de la Patria" es lo que antes se llamó socialismo del siglo XXI, que fue rechazado en aquel referendo de la reforma constitucional del año 2007, y fue impuesto y sigue siendo impuesto. El problema es que es impuesto y ha traído esta serie de consecuencias fatales tanto en lo económico, político como en lo social.

Estoy convencido de que si el Gobierno se hubiera manejado de una manera más dialogante y abierta no estaríamos como estamos y nosotros en este comunicado hacemos un llamado a la rectificación, pero este llamado no se limita solo al Gobierno sino también a la juventud y a la oposición. Todo aquel que tenga que rectificar en su método debe hacerlo.

El periodista:

-Le repito, ¿hay voluntad?

Respuesta:

-Sigo estando convencido. Si no fuera así no mantendría este optimismo, pero supongamos que no hay esa voluntad la situación, su agravamiento, va a obligar a buscar unos cambios. La gravedad de la situación se va a terminar imponiendo. Lo ideal sería que no lleguemos a una situación aún más crítica, límite para tomar los correctivos. Todavía estamos a tiempo.

El periodista:

- ¿O sea, a su juicio, el Gobierno y la oposición están condenados a sentarse a dialogar, ¿el asunto está en el costo que deberá pagar el país antes?

Respuesta:

-Sí y no creo haya que esperar a que tengamos el doble de muertos ni siquiera uno más para rectificar. Ya es más que suficiente la señal de muerte y violencia que hemos tenido. Paremos el tren.

El periodista:

- ¿No cree que la CEV, con el comunicado del miércoles, se excluyó como posible mediador de un hipotético dialogo entre el Gobierno y sus adversarios?

El entrevistado:

-No y te voy a decir por qué. Uno, en el comunicado no estamos inventando nada. Nosotros estamos recogiendo y poniendo de relieve lo que está sucediendo en Venezuela. ¿Quién puede decir que en Venezuela no hay inseguridad, desabastecimiento, especulación con los alimentos e imposición de un modelo reñido con la Constitución? Segundo, partiendo de esa verdad estamos haciendo un llamado a la reflexión y a la razón. ¿Quién nos puede negar este derecho a hacer un llamado a la racionalidad? Nadie. No hemos ofendido a nadie, pero si por decir la verdad somos excluidos pues no se puede hacer nada. Pero nosotros no nos hemos excluido. Ahora, es verdad que por decir la verdad corremos el riesgo de ser excluidos. Pero también es cierto que la verdad se debe decir sin importar el riesgo.

El periodista:

- ¿Usted corre ese riesgo porque sabe que ningún obispo será aceptado como mediador por el Gobierno y que si la Iglesia participa será a través del Vaticano?

El entrevistado:

-Con mediación o sin ella el diálogo es urgente. La mediación no es lo importante, sino que en el país haya racionalidad y diálogo.

El periodista:

-...Nicolás Maduro ya ha dicho que el diálogo debe ser sin condiciones ni agendas previas. ¿Eso puede rendir algún fruto? ¿Eso es un diálogo?

El entrevistado:

-No, eso es una prepotencia. Cuando se trata de diálogo los partícipes deben ponerse en una condición de igualdad. Una oveja jamás irá a hablar con un león. Asimismo, debe haber una agenda, porque si no, no sabremos hacia dónde vamos, qué queremos, cómo esperamos lograrlo ni podremos evaluar los resultados. Con la propuesta del Presidente se corre el riesgo de que caigamos en errores del pasado, cuando se habló y mucho, pero cuando vas a buscar los resultados consigues pura hojarasca.

El periodista:

-Ustedes han exigido respeto al derecho constitucional a la protesta, pero han criticado las guarimbas. ¿Las guarimbas son una forma lícita de protesta o no?

El entrevistado:

-Todo aquello que dañe a las personas, que dañe las propiedades e instituciones y genere violencia tiene que ser separado del método para llevar adelante una protesta. La única protesta válida es la pacífica y constitucional, lo que se salga de allí no se puede aplaudir ni apoyar.

El periodista:

-También han criticado los abusos de las autoridades policiales y militares a la hora de reprimir estas acciones. ¿Era necesario actuar como se ha actuado?

El entrevistado:

-La represión ha sido excesiva y en general uno siente que la medida general es la represión. Yo creo que todas las formas represivas son otras expresiones de guarimbas. Cuando el Estado, a través de la Guardia Nacional (GN) o cualquier otro cuerpo de seguridad, impide una manifestación ciudadana se convierte en una barricada, en una guarimba.

El periodista:

-Ustedes, en su comunicado, se hacen eco de las sospechas de que los hechos violentos son producto de infiltrados. ¿Qué elementos tienen para afirmar esto?

El entrevistado:

-Es evidente. Yo, en lo particular, creo que la línea es desprestigiar a la protesta y provocar su condena no solo por parte del Gobierno sino de la sociedad. La idea es que la sociedad diga que la protesta no es válida porque es violenta, aun cuando los violentos son los infiltrados que forman parte de grupos armados. Esto tiene objetivo: Presentando la violencia como acción de unos civiles el Estado se ve libre de una acusación de violación a los Derechos Humanos, porque según los tratados internacionales el Estado es el responsable de la violación de los Derechos Humanos.

El periodista:

-El Gobierno afirma que estas protestas y disturbios no persiguen ninguna reivindicación y que simplemente forman parte de un plan para derrocarlo. ¿Usted cree que eso es posible?

El entrevistado:

-Hasta cuándo vamos a estar con eso de los golpes de Estado, de las conspiraciones y magnicidios. Ese cuento de los tres generales de hace una semana más bien se parece al cuento de los tres tristes tigres. ¿Dónde están las pruebas de ese supuesto golpe? En ninguna parte. Eso es un fantasma. No niego que pueda haber personas, incluso militares, descontentos, pero son personas aisladas. Si hubiera una amenaza real del golpe lo que reflejaría es que el Estado no está en control de la Fuerza Armada Nacional, lo cual es algo muy grave. Para mí es un error que el Gobierno ande hablando siempre de esto porque da la impresión de que no está en control de la situación de la FAN.

SE MULTIPLICAN LAS PROTESTAS CONTRA LA NARCODICTADURA

Empleados públicos y la sociedad civil protagonizaron diversas protestas en las calles, a pesar de la represión de los cuerpos de seguridad de la narcodictadura.

El 2 de agosto de 2022 los trabajadores públicos, docentes y jubilados caminaron desde el Ministerio Público hasta el Ministerio del Trabajo para entregar un documento en el que rechazan el instructivo ONAPRE.

Fue la cuarta movilización que se realiza en menos de una semana en la capital del país, recordó TalCual, agregando:

-Este 2 de agosto, docentes, junto a trabajadores del sector público y jubilados y pensionados volvieron a tomar las calles de Caracas en lo que denominaron la «marcha de las ollas vacías» con el mismo objetivo: pedir la derogación del instructivo ONAPRE, exigir el pago completo del bono vacacional y del bono recreacional.

Como en otras marchas, los manifestantes se quejan porque aseguran que con sus sueldos no les alcanza para poder vivir. Su acción empezó en la sede del Ministerio Público, en Parque Carabobo, donde entregaron un documento en el que ponen por escrito sus reclamos.

Luego indicó:

-Luis Cano, representante de los jubilados, manifestó a FM Center su rechazo al instructivo «criminal» de la ONAPRE, ya que «cercenó los salarios, jubilaciones y pensiones». Por ello, advirtió que debido a la inflación ya el salario pasó de 30 a 18 dólares.

La calle no la vamos a abandonar. Los compañeros, tanto activos como jubilados y pensionados, vamos a continuar en la calle reclamando lo que nos corresponde por derecho.

Por su parte, César Natera, supervisor jubilado del Ministerio de Educación, dijo que estaba luchando por el pago del 100% del bono vacacional «que el gobierno nos robó».

Otro de los manifestantes, Jesús Abreu, advirtió que viven en una «situación precaria» y de «descomposición» social, por lo que negó que Venezuela se haya arreglado.

TalCual señaló también:

-Los manifestantes tomaron la avenida Bolívar con sus pancartas, cacerolas y consignas para llegar al Ministerio del Trabajo en Plaza Caracas.

Enny Vásquez, trabajadora del Instituto Venezolano de los Seguros Sociales (IVSS) con 36 años de servicio, explicó que tienen seis meses luchando por sus reivindicaciones.

Asimismo, denunció que se metieron con todos sus beneficios y se los quitaron.

-El día que correspondía pagar el bono recreacional, que lo pagan una vez al año, -se quejó- el señor se lo robó. Desde que inventaron la ONAPRE, que no sé qué delincuente la creó, nos han violado los derechos. A todos los empleados públicos nos han bajado el sueldo radicalmente.

Al final el medio precisó:

-Esta es la cuarta marcha que se realiza de forma consecutiva en el país. El lunes 1° de agosto, docentes, jubilados y pensionados del gremio protestaron en varios estados del país para continuar por su reclamo de un bono vacacional completo, así como mejores reivindicaciones salariales que les permita tener mayor calidad de vida.

Lara, Carabobo, Mérida, Táchira, Anzoátegui y Miranda fueron algunos de los estados en la que se evidenciaron movilizaciones de los maestros para, además, exigir una vez más que se elimine el instructivo ONAPRE.

En otra nota TalCual reportó la protesta de los trabajadores de la salud en Caracas, los cuales exhortaron a los demás gremios en todo el país a estar alerta para cuando introduzcan ante el TSJ un recurso en pro de mejores reivindicaciones.

-Durante la mañana, -precisó- docentes protestaron en varios estados del país para exigir mejor sueldo, su bono vacacional completo, y sus derechos laborales.

Con ollas y cucharas, los manifestantes caminaron parte del centro de la capital venezolana hasta llegar a la sede del Ministerio del Trabajo, donde una comisión consignó un documento en rechazo a un instructivo de la Oficina Nacional de Presupuesto (ONAPRE), que contempla la reducción de varios beneficios, y en rechazo al pago incompleto del bono vacacional. El mismo documento quedó consignado ante la Fiscalía, aseguró a EFE Belkis Bolívar, directiva de la Federación Venezolana de Maestros.

Bolívar, que es también profesora, indicó a EFE que se trata de la tercera marcha en la que participa el gremio docente en las últimas dos semanas, debido a que se han reducido «considerablemente» sus beneficios salariales, incluido el bono que reciben por vacaciones, pagado a partir de un salario que ya no está vigente.

La exigencia radica, prosiguió, en «que se nos restituyan las primas disminuidas por la ONAPRE en el mes de marzo, todas las primas terminaron disminuidas, lo que significa que nos están quitando parte del salario integral.

Otra docente, Nellys Parra, relató:

-Cumplí 30 años de servicio de los cuales me jubilé y me siento indignada de lo que estamos viviendo los docentes venezolanos. No es posible que hoy nos pagaron un bono miserable, la quincena era más que el bono vacacional. 30 años de servicios perdidos porque nosotros somos licenciados, con postgrado, maestrías y al Ministerio no le importa.

Con ella concordó otra de las manifestantes, Teresa Matos, quien aseguró que su pensión como docente jubilada le impide, incluso, cumplir con gastos básicos como las medicinas.

-Cómo es posible que yo, - con las dos pensiones que tengo, no me alcanza para nada. Sufro de la columna y ya esos medicamentos no los puedo comprar. Voy al médico por ir, porque cuando me dan el récipe voy a la farmacia y viendo el precio no puedo comprar.
(Esta nota de EFE fue publicada en El Carabobeño)

En la misma fecha TalCual dio cuenta de la detención del sindicalista Douglas González en la noche de ese día 2 de agosto por parte de organismos de seguridad de la narcodictadura.

-Según la denuncia de la Intersectorial de Trabajadores de Guayana, -indicó- el sindicalista se encontraba de paso por Puerto Píritu rumbo a la ciudad de Caracas, donde tenía previsto denunciar una serie de amenazas y maltratos contra los trabajadores de Venalum, empresa a la cual está adscrito.

Luego señaló:

-La ITG aseguró que las detenciones de sindicalistas se hacen «con la complicidad de todos los actores del diálogo tripartito», con la Organización Internacional del Trabajo (OIT), que recientemente sostuvo conversaciones con representantes de la administración Maduro para fijar a septiembre la segunda etapa del Foro de Diálogo Social.

Se conoció que el dirigente de Venalum fue trasladado a la ciudad de Barcelona. La detención fue ratificada por la Federación Unitaria de Trabajadores Petroleros, a través de su secretario Iván Freites, quien responsabilizó directamente al mandatario Nicolás Maduro por este arresto.

-No han podido doblegarnos, -aseguró Freites en las redes sociales-ni podrán hacerlo, la lucha por una Venezuela libre y soberana

El partido La Causa R también se solidarizó con González y lamentó su detención.

-La dictadura —aseguró- persiste en su campaña terrorista contra la clase obrera.

Cabe destacar que a finales de julio de 2022 la ONG Observatorio Venezolano de Conflictividad Social Venezuela había reportado casi 4 mil protestas en el primer semestre de ese año, concretamente 3.892, es decir, un promedio de 22 diarias, lo que supone un incremento del 15% con respecto a 2021, cuando se documentaron 3.393 manifestaciones.

Estas protestas se relacionaron con exigencias de derechos económicos, sociales, culturales y ambientales, equivalente al 73% del total.

Según el informe del OVCS los venezolanos exigieron derechos laborales en 1.642 oportunidades. Principalmente un salario "digno y suficiente" que le "permita cubrir sus propias necesidades y las de su núcleo familiar".

El segundo motivo de protesta fue el "colapso de los servicios y la falta de soluciones efectivas y (de) largo plazo por parte de las autoridades"; fue el segundo motivo de las protestas, la mayoría de ellas realizadas por vecinos".

El OVCS contabilizó al efecto 459 protestas para exigir acceso al agua potable; 304 por fallas del servicio eléctrico; y otras 111 manifestaciones por el gas doméstico.

Asimismo, los manifestantes denunciaron la crisis del sistema de salud; que "empeora en cuanto a infraestructura, disponibilidad de materiales, insumos y equipos médicos necesarios para la atención de población", a lo que se añade la "criminalización, vigilancia y acoso del personal" sanitario.

De igual modo el informe de dicha ONG reportó las movilizaciones en "en rechazo a la persecución, estigmatización, criminalización y detención contra defensores de DDHH; trabajadores humanitarios y otros miembros de la sociedad civil".

Además, las "personas privadas de libertad y sus familiares denunciaron retardo procesal y pésimas condiciones de reclusión".

Por otro lado, el OVCS determinó que 52 protestas fueron reprimidas por las autoridades. Y, en algunos casos, "civiles armados" en Caracas y en 14 de los 23 estados que tiene el país.

La misma ONG contabilizó 43 protestas en el país durante los primeros tres días de agosto de 2022 relacionadas con vivienda, seguridad social, educación y derechos laborales.

El 4 de agosto los medios de comunicación, entre ellos TalCual, reportaron protestas en varios estados y Caracas contra el instructivo ONAPRE.

-En varios estados del país, -informó el referido medio- docentes y trabajadores de varios gremios de la administración pública salieron una vez más a protestar por el instructivo ONAPRE. En algunos casos, la PN no dejó pasar a la movilización mientras que, en Caracas, se quería llegar a la Asamblea Nacional pero solo les dieron permiso hasta la sede del Ministerio de Educación Universitaria

La fuente recalcó:

-Nuevamente el gremio de los trabajadores del sector docente, junto a los del gremio de la salud; jubilados y pensionados y otros de la administración pública tomaron las calles en varios estados del país para reiterar su rechazo al instructivo ONAPRE, exigir el pago completo del bono vacacional y del bono de recreación.

Distrito Capital, Aragua, Miranda, Táchira, Carabobo, Lara, Portuguesa, Mérida, Apure, Barinas, Sucre, Nueva Esparta y Monagas son algunas de las entidades en las que salieron los trabajadores por quinta ocasión consecutiva para exigir sus reivindicaciones laborales.

> *Trabajador de la salud protestó en Caracas y mostró sus zapatos rotos: "Maduro, eres un desgraciado. Nos estás matando. No nos quieres pagar". Maduradas, 4-8-2022*

En Caracas, trabajadores del sector Educación se concentraron en horas de la mañana en el Ministerio de Educación para hacer las exigencias. De ahí, partieron a la sede del Ministerio de Educación Universitaria con el mismo fin: pedir respuestas al Ejecutivo sobre la deuda que se tiene con los trabajadores. Se conoció que docentes universitarios también salieron de la UCV hasta la esquina El Chorro. Luego, decidieron tomar rumbo al Palacio Federal Legislativo, aunque un piquete de la Policía Nacional impidió el paso.

Sobre el mismo tema el portal 800 Noticias reportó:

-Cuerpos de seguridad el Estado intentaron impedir las movilizaciones de trabajadores que se cumplieron en Caracas este jueves 4 de agosto para rechazar el instructivo de la ONAPRE y exigir el bono vacacional completo.

La fuente agregó:

-En varios videos compartidos en redes sociales se observa a los funcionarios intentando impedir el paso de las protestas, tanto de manifestantes provenientes de la Universidad Central de Venezuela (UCV) como de otros sectores de la capital.

No es la primera vez que los funcionarios buscan impedir una protesta de trabajadores, a pesar de que estos hacen exigencias de sus derechos.

Finalmente indicó:

-La ONG Provea denunció que funcionarios de la Policía Nacional Bolivariana usan un dron durante la protesta pacífica de trabajadores registrando la marea de trabajadores que exigen sus derechos. La organización asegura que con la acción buscan criminalizar a quienes protestan.

En la misma fecha el periodista Dexcy Guédez, de Sol de Margarita, reportó:

-4 Ago, 2022. Con una multitudinaria marcha, que salió desde la Casa del Maestro con destino a la sede de la Zona Educativa, en La Asunción, los gremios de la administración pública quisieron mostrar la fuerza de la unión para defender sus conquistas salariales.

El motivo no fue otro que reclamar por el irrespeto al pago del bono vacacional para los docentes activos y el recreacional para los jubilados, logró unir a los trabajadores de la administración pública en Nueva Esparta.

El periodista agregó:

-Como una sola fuerza, otros sectores entre ellos los trabajadores del Ministerio de Justicia, se plegaron a los reclamos para exigir respeto a los derechos contractuales y laborales que establecen las respectivas contrataciones colectivas.

Luego apuntó:

-En medio de la nutrida caminata, Carmen Figueroa en representación de la Unidad Intergremial de Nueva Esparta, confirmó que se sumaron otros trabajadores de la administración pública tanto activos como jubilados y pensionados de diferentes organismos gubernamentales. Ya no solamente estamos en las calles los trabajadores de la educación y la salud, sino que hoy se sumaron la Universidad de Oriente y empleados del Ministerio de Justicia, que también reclaman sus derechos.

"Tenemos agosto de indignación, de arrech*ra": el fuerte reclamo de una docente en Nueva Esparta porque el régimen no le han pagado, Maduradas, 4-8-2022

Por su parte, Luis Castro presidente de la Federación de Trabajadores de Nueva Esparta

(Fetraesparta), manifestó el respaldo de los 11 sindicatos que conforman esa confraternidad laboral en entidad, a los reclamos de los empleados de la educación y la salud.

-La actuación del gobierno de Nicolás Maduro en estos momentos contra los docentes y los trabajadores de la salud, -subrayó- lo que evidencia son sus malsanas intenciones de acabar con las contrataciones colectivas porque lo que quieren no son trabajadores con sueldos y salarios dignos, si no esclavos sumisos.

"La actuación del gobierno de Nicolás Maduro en estos momentos contra los docentes y los trabajadores de la salud, lo que evidencia son sus malsanas intenciones de acabar con las contrataciones colectivas porque lo que quieren no son trabajadores con sueldos y salarios dignos, si no esclavos sumisos", subrayó Castro.

Ese mismo día, según reportó Costa del Sol con información de La Patilla, los docentes y trabajadores del sector público en Cumaná, Estado Sucre, salieron a las calles para exigir el pago del bono vacacional completo y rechazar las acciones impulsadas desde la Oficina Nacional de Presupuesto (ONAPRE).

-A través de Twitter –indicó– se pudieron conocer varias imágenes que dejan en evidencia el descontento del sector público tras las más recientes decisiones del régimen que afectan directamente el bolsillo de los trabajadores.

CRONOLOGÍA DE UN PLAN TERRORISTA CONTRA LOS VENEZOLANOS

La naturaleza criminal de la narcodictadura de Nicolás Maduro fue develada por Jesús Hermoso Fernández el 3 de agosto de 2022, en El Pitazo, en los términos que se señalan a continuación:

-El 2 de julio, en horas de la noche, se había dado inicio al plan. El máximo jefe de la operación y gobernante de Venezuela dio la orden por los medios de comunicación: "El presidente saliente de Colombia, Iván Duque, continúa activando planes y ataques terroristas contra el sistema eléctrico, personalidades y líderes políticos de Venezuela", dijo. A lo que su ministro de Relaciones Interiores respondió de inmediato con: "Mantenemos seguimiento a los grupos generadores de violencia, con conexiones extraterritoriales, para ponerlos a orden de la justicia".

El narcodictador Nicolás Maduro, siguiendo la perversa tradición de su mentor el teniente coronel (RETIRADO) Hugo Chávez, descarga en otros la responsabilidad de los yerros cometidos en la prestación de los servicios públicos, fuente de corrupción. El Chafarote de Sabaneta culpó al gobierno norteamericano del mega apagón eléctrico de 2007 y al llamado fenómeno de El Niño en otras ocasiones. Maduro ha culpado a las sanciones norteamericanas por las deficiencias en el servicio eléctrico, que era óptimo en 2019. Ninguno de los dos dictadores, ni por equivocación, mencionaron como causales de los apagones, que para agosto de 2022 se producían diariamente, a la falta de mantenimiento de los generadores de electricidad y la corrupción, que convirtió en millonarios, a costa del sufrimiento de los venezolanos, a los diferentes ministros del ramo, al contrario, los ha premiado con gobernaciones, embajadas y otros destinos públicos

Luego indicó:
-Comenzaba todo.

La primera acción del plan consistió en el infructuoso allanamiento de José Castro, luchador social y militante del opositor partido Bandera Roja en los Valles del Tuy, Estado Miranda. Un día después, volverían los policías armados a secuestrar a su esposa como mecanismo de canje para la entrega de Castro, lo cual nunca sucedió. A ú n s i g u e s i n aparecer.

> *Al mejor estilo de la tiranía cubana, los cuerpos de exterminio de la narcodictadura, cuando no dan en el hogar con el paradero de las personas que buscan para aprehenderlas, se llevan detenidos como rehenes a sus familiares, sin importarles edad, condición de salud, ni sexo, hasta que estas aparecen. En ningún momento se hacen presentes para evitar tales despropósitos y arbitrariedades ni el defensor del pueblo, menos todavía el írrito fiscal general, que debería serlo para proteger a la ciudadanía, pero que en la práctica actúa solamente para favorecer los intereses del narcodictador Nicolás Maduro*

El 4 de julio, entrada la mañana, fue secuestrado de forma violenta y delante de sus hijos pequeños el profesor Alcides Bracho, también militante de Bandera Roja. Bracho, el primero de los detenidos por agentes difusamente identificados, sufrió fuertes torturas durante cuatro días continuos, ejecutadas por policías y también por delincuentes instigados por oficiales de policía.

Horas después de esta primera detención, es secuestrado Emilio Negrín, dirigente sindical, quien es vecino y amigo de Bracho. Para ese momento el plan causaba su primer impacto en procura de un terror generalizado. Redes sociales comenzaban a denunciar una "ola de detenciones a luchadores sociales y dirigentes sindicales". El terrorismo comenzaba a causar efecto en algunos luchadores y dirigentes sociales.

Después apuntó:

-El 5 de julio fue secuestrada Yenny Pérez, dirigente de los educadores del estado Miranda y esposa de José Castro. En medio de la confusión se comenzó a identificar un patrón claro, con detenciones dirigidas principalmente a militantes de Bandera Roja, luchadores sociales vinculados o relacionados, de distintas formas, al partido opositor y a la lucha de los trabajadores en el país. Sin embargo, muchas organizaciones aún hacen silencio, y el mutis resultado del terror, comenzaba a apoderarse de algunos venezolanos.

Ese día, en horas de la tarde, la familia del falconiano, dirigente pesquero, luchador social y militante de Bandera Roja, Alonso Meléndez, sufre el allanamiento de la Policía Nacional a su residencia en el Municipio Los Taques, estado Falcón. Vecinos y familiares lo alertan, y Meléndez se esconde durante unas horas hasta que, junto a su familia, decide entregarse ya que no entendía la razón del allanamiento ni la detención. No es sino hasta comenzada la madrugada del día 6 de julio cuando es finalmente detenido y llevado a Coro, para luego ser trasladado a Caracas, junto al resto de sus compañeros.

Luego precisó:

-Tras la detención de Alonso y ya entrada la mañana, era allanada una casa en la que alguna vez vivió el luchador social y dirigente de Bandera Roja en el estado Táchira, Jesús Manuel Berbesí. Este infructuoso allanamiento generó una alerta que permitió a Jesús ponerse a resguardo, algo que hasta la publicación de este escrito aún mantiene. Ese mismo día, pero en horas de la noche, el exmilitante de Bandera Roja y dirigente sindical de ASI, Gabriel Blanco, era allanado. Tras un largo forcejeo jurídico, la organización Provea recibió durante la madrugada del 7 de julio una orden de detención emitida por el Tribunal contra el Terrorismo a cargo del juez José Márquez García, en el juzgado 4to. Blanco era finalmente detenido.

Y a continuación destacó:

-En horas de la madrugada de ese mismo día, fue allanada la residencia de Reynaldo Cortés en el Estado Guárico. Dirigente político, luchador social y representante de la CTV en el estado llanero, fue secuestrado por oficiales sin una clara identificación, sin orden de captura ni de allanamiento. El también Secretario General de Bandera Roja en el estado, apenas pudo enviar un mensaje a sus compañeros: "Creo que vinieron por mí".

Al final, Jesús Hernández Hermoso explicó:

-Ninguno de los secuestrados estaba en alguna acción irregular. Todos fueron detenidos en sus residencias. Todos fueron trasladados a la estación policial de La Quebradita, sede de la Dirección de Inteligencia Estratégica (DIE) de la PNB. Alcides Bracho no sabe con certeza si fue en este sitio o en otro, quizás no oficial, en el que le aplicaron torturas en medio de un interrogatorio a la fuerza, sin haber visto familiares, orden de detención ni abogados para su defensa.

El partido Bandera Roja, de carácter marxista, suma actualmente la mayor cantidad de presos políticos del país, además de tener a dos militantes perseguidos por oficiales de inteligencia política, quienes procuran su detención, lo que difiere del discurso de izquierda del que hace gala internacionalmente el partido de gobierno.

Así, con 6 detenidos y varios perseguidos, comenzó el plan de terrorismo de Estado contra los luchadores sociales y dirigentes sindicales en 2022. Pero hasta ahora parece no haber surtido el efecto esperado. Las luchas sociales y laborales se han intensificado durante el mes de julio y apuntan a agudizarse en todo el país tras el impago de vacaciones, salarios, tablas y aumentos correspondientes a los trabajadores. La lucha sigue.

El autor de este reportaje es periodista de investigación, editor y escritor.

EL PARTIDO COMUNISTA DE VENEZUELA DENUNCIA LA TRAICIÓN DE LA FTUV

El día 5 de agosto de 2022 Fran Tovar, de Costa del Sol, con información de Tribuna Popular, reportó:

-A través de un pronunciamiento, el Partido Comunista de Venezuela (PCV) calificó de farsa el acuerdo suscrito entre la cúpula de la Federación de Trabajadores Universitarios de Venezuela (FTUV) y el gobierno de Nicolás Maduro.

Adelaida Zerpa, vocera del Buró Político del Comité Central, afirmó que la dirección patronal de la FTUV "ha traicionado nuevamente al gremio con la firma de un acuerdo que no solo vulnera los derechos de las de las y los trabajadores del sector universitario, sino que además violenta la Constitución de la República Bolivariana de Venezuela, así como leyes y convenios internacionales".

La noche del 02 de agosto, a través de redes sociales el Ministro del Trabajo Francisco Torrealba anunció la firma del acuerdo que se realizó en un contexto de alta conflictividad y movilización del sector educativo por el robo del pago de los bonos vacaciones y de recreación.

> *Este alto funcionario de la narcodictadura ha querido minimizar la magnitud de las marchas de trabajadores, pensionados y jubilados para protestar por el deterioro de los sueldos y salarios, así como beneficios sociales, y la siniestra CONAPRE. No hay peor ciego que el que no quiere ver ni peor sordo que el que no quiere oír. Los actos cívicos, a pesar de la represión de los cuerpos de exterminio del régimen y los círculos del terror, han sido permanentes y nutridos*

La vocera del PCV añadió:

-Esta farsa "pretende inútilmente desmovilizar a los miles de trabajadores y trabajadoras que durante las últimas semanas han salido a las calles en diferentes estados del país para exigir el cumplimiento de sus convenciones colectivas", dijo Zerpa.

De igual modo recordó que hace pocos días la dirección progubernamental de la Federación Nacional de Sindicatos Regionales y Conexos de Trabajadores del sector Salud y la Seguridad Social (Fenasirtrasalud) también ejecutó "de manera fraudulenta e inconsulta" un acuerdo que redujo el monto de la cláusula de batas, uniformes y zapatos de Bs. 1.300 a Bs. 200.

Luego indicó:

-Mientras estas maniobras son ejecutadas y los derechos son conculcados, operadores políticos y burócratas sindicaleros intentan embaucar al pueblo asegurando que el fraude salarial es responsabilidad de supuestos técnicos que están en actuando a su antojo

Desde el Partido Comunista de Venezuela advertimos que lo que está en curso es una estrategia del Gobierno de Nicolás Maduro de desregulación y flexibilización salarial dirigida a reducir el valor de la fuerza de trabajo usando mecanismos administrativos que no tienen rango legal ni constitucional.

Asimismo, aseveró que el instructivo salarial de la ONAPRE impuesto "es tan solo el último eslabón de una cadena de violaciones que tiene su origen en el denominado Programa de crecimiento, recuperación y prosperidad económica de 2018, que no es más que un descarado plan de ajuste neoliberal.

Desde entonces se emprendió un desmontaje de conquistas contractuales a través de instrumentos como el memorando-circular 2792 y un instructivo del Ministerio de Planificación que redujo beneficios el sector público.

También dijo que "ante las masivas y combativas manifestaciones, cúpulas sindicales progubernamentales, sin ningún tipo de legitimidad o legalidad, han reaccionado de manera tardía anunciando acuerdos que fragmentan el pago de los beneficios y que en ningún término atienden a la restitución de los derechos infringidos".

Del mismo modo instó al Tribunal Supremo de Justicia a pronunciarse favorablemente sobre los recursos de nulidad para salvaguardar los derechos de las y los trabajadores públicos.

Además, exhortó a la Asamblea Nacional "a ponerse al servicio de las demandas populares y legislar en favor de los intereses de las mayorías que hoy cargan sobre sus hombros el peso de la crisis".

Finalmente, Zerpa manifestó que el PCV desarrolla en estos momentos un proceso de recolección de firmas para solicitar la discusión de los proyectos de ley de indexación salarial y recuperación y revalorización de las prestaciones sociales.

-A los miles de trabajadores que se encuentran movilizados en estos momentos en todo el país – señaló- les decimos que solo la organización y la lucha serán garantía para preservar nuestras conquistas.

El 22 de julio de ese mismo año, en Tribuna Popular, el Buró Político del Comité Central del Partido Comunista de Venezuela dio a conocer contra rechaza las agresiones Adelaida Zerpa y Jackeline López, ocurridas dos días antes en el marco de la marcha unitaria de los trabajadores y trabajadoras de la Administración Pública Nacional contra el instructivo salarial de la Oficina Nacional de Presupuesto (ONAPRE).

El documento indicó que Jackeline López, integrante del Comité Central de ese partido y dirigente nacional del Movimiento de Mujeres Clara Zetkin, fue atacada por grupos de choque, uniformados con indumentaria de la Alcaldía de Caracas, coordinados por el Partido Socialista Unido de Venezuela.

-López –denunció- fue golpeada mientras grababa a los grupos que hostigaban y provocaban a los manifestantes; su teléfono le fue arrebatado e inutilizado. Todo esto ocurrió bajo la mirada cómplice de la Policía Nacional Bolivariana que además impidió la llegada de la marcha a la Vicepresidencia de la República.

Por su parte, Adelaida Zerpa, integrante del Buró Político del Comité Central del PCV, según el comunicado, "fue cobardemente golpeada por funcionarios del Servicio Bolivariano de Inteligencia (SEBIN) a las afueras de la sede nacional del PCV, cuando sujetos armados rodearon el edificio para secuestrar al activista del Frente Nacional de Lucha de la Clase Trabajadora, Ángel Castillo, quien fue liberado horas más tarde en un procedimiento violatorio de la Constitución y las leyes.

El documento añadió:

-Estos hechos demuestran el giro violento que ha tomado la campaña anticomunista que voceros de la cúpula del PSUV y sus operadores políticos en medios de comunicación sostienen para inútilmente tratar de neutralizar el claro descontento popular con el plan de ajuste neoliberal que ejecuta el gobierno anticomunista de Nicolás Maduro.

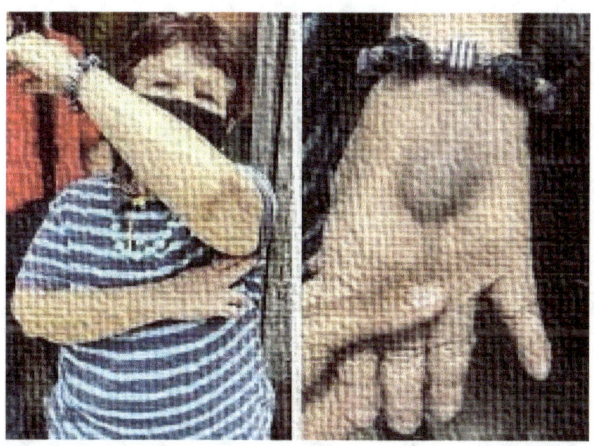

Las comunistas venezolanas han protagonizado los combates de clase más importantes de la historia de nuestro país; estamos seguros de que, en este momento de agudización de las contradicciones, las militantes del PCV mantendrán la firmeza y entereza necesaria para mantener en alto las banderas de lucha contra el nuevo pacto de elites y en defensa de los derechos del pueblo venezolano.

LA DEFENSA DE LOS PENSIONADOS, JUBILADOS Y DISCAPACITADOS

Con el apoyo de 486 sindicatos se llevaron a cabo en diferentes regiones del país marchas en defensa de los derechos de los pensionados, jubilados y discapacitados.

Sobre esa actividad de calle se expresó Edgar Silva Herrera Coordinador Nacional del Comité de DDHH para la Defensa de los Pensionados, Jubilados, Adultos Mayores y Personas con Discapacidad, en los siguientes términos:

-El 09 de marzo del 2022 será recordado como la gran protesta nacional de los pensionados del seguro social, quienes encabezaron una gran movilización ante las diferentes sedes del Instituto ubicadas en cada región o estado de Venezuela, acompañados por trabajadores activos y jubilados de las diversas dependencias de la administración pública, por la dirigencia sindical y gremial y por las diversas asociaciones de jubilados y pensionados venezolanos en el exterior. Cientos de pensionados acudieron al llamamiento que hicimos en el mes de febrero, con entusiasmo, contagiando a la dirigencia sindical, a los jubilados y a los trabajadores activos con un pliego de exigencias contenidas en un documento entregado ese día, dirigido a la presidenta del Instituto, Lic. Magaly Gutiérrez Viña.

Esta acción que nació del desespero que se había anidado en la mente y en el corazón de esta numerosa población de adultos mayores pensionados y jubilados, así como también de trabajadores activos, producto de estar percibiendo durante casi un año consecutivo un ingreso de siete (7) Bs por concepto de salario mínimo, al cual han sido ancladas ilegal e injustamente las pensiones otorgadas por el Instituto Venezolano de los Seguros Sociales (IVSS), lo cual representaba aproximadamente un dólar (1) $ mensual y algunos céntimos de dicha moneda al día, mientras la Canasta Básica Familiar superaba los mil dólares(1.000 $) mensuales y la Canasta Alimentaria superaba los cuatrocientos (400 $) mensuales, mientras la marca internacional de la pobreza marcada por el Banco Mundial está ubicada en un dólar con nueve céntimos diarios (1.9 $), por debajo de la cual lo que existe es miseria, desnutrición y muerte.

El informante apuntó después:

-Esta situación que sufren los pensionados jubilados y trabajadores activos en Venezuela, se ha venido agudizando especialmente desde el 2013 en adelante, lo cual ha venido siendo documentado por algunas ONG como CONVITE, también por diversos medios de comunicación y redes sociales. Recordemos el caso de los hermanos Silvia y Rafael Sandoval de 72 y 73 años respectivamente, rescatados fallecidos por los bomberos en el barrio Puente Hierro, en la Parroquia Santa Rosalía de Caracas en el 2020 por inanición y el caso más reciente, de febrero de este año, de los esposos, profesores universitarios, Pedro Salinas e Hisbelia Hernández rescatados también por los bomberos en su apartamento en el Estado Mérida, él deshidratado y ella fallecida, dada las precarias condiciones de vida que confrontaban. Los pensionados han estado privados de adquirir alimentos y medicinas por largo tiempo, lo cual está caracterizado en el Estatuto de Roma, en su artículo 7, b como un delito de lesa humanidad.

Enseguida observó:

-Producto de esta acción del 09 de marzo, el gobierno se vio obligado a adelantar el incremento del salario mínimo y de las pensiones, a partir del 15 de marzo de este año a ciento treinta Bs mensuales (130 Bs), lo cual representaba para esa fecha treinta dólares al mes (30 $) y un dólar diario (1 $), pero con la devaluación de la moneda y la galopante inflación hoy día representa veintiún dólares al mes (21 $) y menos de un dólar diario (-1 $), es decir que la memoria histórica de Venezuela sigue en pobreza extrema!

El 09 de marzo, marcó el renacer de la lucha de calle de los trabajadores activos, pensionados y jubilados, y ha sido el inicio de numerosas acciones de calle, realizadas desde entonces en Caracas y en el resto del país exigiendo mejores condiciones de vida, agravadas hoy día por la política anti laboral en desarrollo, puesta en práctica por el gobierno de Maduro, quien se autocalifica como "presidente obrero", ejercida a través de sus ministros, especialmente del Trabajo, de Educación Básica, Media y Diversificada, de Educación Superior y de Planificación y Presupuestos y de la Oficina Nacional de Presupuesto (ONAPRE), quienes han esquilmado los beneficios que los trabajadores activos pensionados y jubilados han conquistado por medio de las contrataciones colectivas y de jornadas históricas de lucha por sus derechos humanos, laborales, económicos y sociales!

Posteriormente destacó:

-Por ello continuamos y continuaremos en la calle exigiendo:

Un salario mínimo y pensiones de acuerdo a lo establecido en el artículo 91 de la CRBV, tomando como referencia el costo de la Canasta Básica Familiar;

Que se le ajuste la pensión de acuerdo a la Ley del Seguro Social a quienes aportaron más de 750 cotizaciones al IVSS

Que se les restituya el pago a los pensionados venezolanos en el exterior quienes tienen 6 años y 8 meses con el pago suspendido arbitrariamente por el gobierno;

Que se restituya la obligación de asistencia en salud integral al IVSS;

¡Que se restituyan todos los beneficios contractuales liquidados por la ONAPRE mediante un inconstitucional, arbitrario e ilegal instructivo!

¡Que se derogue el perverso instructivo ONAPRE!

Que se restablezca la Comisión de Alto Nivel constituida en el año 1.999 por (..) Hugo Chávez, para atender la problemática de los pensionados del IVSS y que expiró en el año 2007.

(Esta información fue tomada del portal Costa del Sol)

UNA CARTA EN FAVOR DE LA LIBERTAD DE VENEZUELA

El sábado 5 de abril de 2014 el diario El Universal dio a la publicidad una carta del actor norteamericano Kevin Spacey, protagonista de "House of Cards" y "Belleza americana", escrita en su blog personal, pronunciándose a favor de la libertada en Venezuela, secuestrada por la narcodictadura de Nicolás Maduro.

A continuación, el texto de la misiva:

-Durante muchas semanas, cientos de miles de venezolanos han tomado las calles en protesta.

Estos estudiantes reclaman las libertades humanas básicas y se mantienen en todo su derecho a protestar, un hecho que ya sea en Boston, Bielorrusia o Venezuela. El gobierno de Venezuela ha respondido con mucha mano dura. Leopoldo López, líder del partido de oposición, Voluntad Popular, convocó manifestaciones pacíficas en todo el país para hacer frente a los problemas que enfrenta el país. Entre los que se incluyen la escasez crónica de alimentos, la inflación más alta del mundo y la censura permanente de los medios de comunicación. Incluso no se permitió la difusión de los Oscars por primera vez en la historia venezolana.

Más de 1.400 estudiantes fueron detenidos, hay más de 40 casos confirmados de tortura y mientras Leopoldo López todavía se encuentra en una prisión militar venezolana. Ha urgido a los estudiantes a ejercer sus derechos legales como la protesta pacífica y la libertad de expresión y en repetidas ocasiones hizo hincapié en que deben hacerlo sin violencia. El presidente Maduro culpó a López por la violencia que vive el país y ordenó su arresto por cargos de asesinato, incendio premeditado y terrorismo. Hasta la fecha, el gobierno no ha presentado pruebas de las acusaciones contra él y su caso legal se cae a pedazos.

La carta continúa:

-Amnistía Internacional dijo que los cargos contra López responden a "intentos de motivación política para silenciar a la disidencia." Human Rights Watch dice que "el gobierno venezolano ha abrazado abiertamente las tácticas clásicas de un régimen autoritario: Encarcelar a sus opositores, amordazar a los medios de comunicación e intimidar a la sociedad civil".

Estoy a favor de todos los venezolanos que de forma pacífica y no violenta reclaman su derecho a la libre determinación y la protesta. Espero que se unan a mí para pedir a no darse por vencidos y a no ser insensible a las violaciones y los abusos cometidos contra ellos. Nosotros, los que tenemos la suerte de vivir en libertad tenemos que hacer frente a la opresión y la injusticia, y recordar a los venezolanos que están en el lado correcto de la historia.

Por favor mostremos nuestro apoyo en la manera que podamos: #SOSVenezuela".

CUATRO HERIDOS EN MÉRIDA

El domingo 6 de abril de 2014 la periodista Nora Sánchez, de El Universal, reportó:

-Mérida. - Tres manifestantes y un guardia nacional resultaron heridos este sábado en horas de la noche en Mérida, durante enfrentamientos que protagonizaron la fuerza pública y encapuchados.

Los ataques se originaron cuando la GN y Polimérida intentaron repeler a quienes custodian las barricadas de la avenida Las Américas, específicamente a la altura de la escuela básica Fermín Ruiz Valero y la terminal de pasajeros.

El efectivo castrense, de 22 años de edad, fue identificado como Richard Alexander Freites y fue herido de bala en el hombro izquierdo.

Asimismo, resultaron heridos tres manifestantes, uno con un roce de bala en el estómago y herida de perdigón en una pierna, otro herido con una metra en el muslo derecho y el tercero también fue herido con una metra en la mano izquierda.

Luego apuntó:

-El guardia nacional, adscrito al Destacamento 14 de Barinas, forma parte del contingente de refuerzo enviado por la GN para apoyar las acciones de orden público en la ciudad de Mérida.

Los enfrentamientos comenzaron al final de la tarde y se extendieron hasta altas horas de la noche en una batalla campal en la que los disparos y los gases lacrimógenos se mantuvieron por varias horas.

En la avenida Las Américas aún permanecen barricadas, desde la escuela básica Fermín Ruiz Valero hasta la avenida Cardenal Quintero, donde en horas de la noche también se escuchaban detonaciones.

Después reseñó:

-El gobierno regional derribó el jueves en horas de la mañana las barricadas de los sectores Santa Bárbara, Agua Santa y la urbanización Humboldt, las cuales estaban ubicadas en la misma avenida que desde hace más de 50 días permanece obstruidas por las "trincheras de libertad" como llaman a las barricadas los manifestantes.

Desde ese día hasta este sábado, en la avenida Las Américas se han generado por tercer día consecutivo las barricadas.

El viernes en la tarde, encapuchados lanzaron una bomba molotov a una tanqueta de la GNB, lo que originó una llamarada en el vehículo blindado que se retiró del lugar.

Finalmente indicó:

-Padres de jóvenes que pernoctan en campamentos pasan la noche en vilo
En tres campamentos y un grupo de resistencia jóvenes de diferentes sitios de la ciudad capital duermen dentro de carpas, haciendo vigilancia, debatiendo ideas y proyectos en protestas pacíficas que buscan una solución a la crisis que vive el país. Mientras ellos están en la calle, sus padres quedan en sus casas orando para que Dios los proteja.

GASES LACRIMÓGENOS CONTRA QUIENES PROTESTAN

El uso de bombas lacrimógenas para reprimir las manifestaciones cívicas está prohibido en la Constitución o "La bicha", como la definió peyorativamente el teniente coronel (RETIRADO) Hugo Chávez, su mentor, pero él, contrariando esta prohibición le mandó a echar gas del bueno a los estudiantes que protestaban contra el régimen dictatorial que presidía.

La narcodictadura de Nicolás Maduro también, y con mayor crueldad, hizo reprimir las protestas populares mediante el empleo de las mismas lanzadas a residencias y directamente a la cara o cualquier otra parte del cuerpo donde provocan mayor daño, inclusive la muerte o la discapacidad.

Los ejemplos de personas inutilizadas por esos letales artefactos abundan.

El jueves 27 de marzo de 2014 El Universal reportó:

-Caracas. - Desde la 6 de la mañana los usuarios de Twitter reportan fuerte congestionamiento vehicular en la autopista Prados del Este, debido a una manifestación realizada por personas que trancaron la vía y estacionaron sus carros como medida de protesta por la represión vivida anoche y por la militarización a la que está sometida la zona.

Al lugar se presentaron comisiones de la Guardia Nacional Bolivariana (GNB) quienes pretendían que los manifestantes abrieran la vía. La protesta se inició específicamente en el Distribuidor Santa Fe, en sentido hacia el Centro, donde centenares de conductores apagaron sus vehículos y abrieron los capós para simular que sus carros estaban accidentados.

EL MUNDO RECHAZA LA FEROZ REPRESIÓN DE LA NARCODICTADURA

Un artículo de la periodista Marta Colomina, publicado en El Universal el domingo 6 de abril de 2014, reflejó con claridad meridiana, la represión desatada por el régimen dictatorial de Nicolás Maduro contra quienes haciendo uso del derecho constitucional a la protesta ha salido a las calles a manifestar cívicamente su descontento hacia el mismo, y el repudio que tales agresiones han tenido en diferentes partes del mundo.

-La creciente represión oficial en Venezuela está –comenzó diciendo la autora del texto periodístico de opinión- fuera de control. Hoy es difícil señalar si son más sanguinarios los paramilitares financiados por el gobierno que disparan y asaltan con impunidad a quienes protestan, o los cuerpos de seguridad del Estado al mando de fanáticos e ideologizados funcionarios que no solamente reprimen con ferocidad a estudiantes y ciudadanos, sino que protegen y entrenan a los grupos violentos que delinquen con total libertad.

En la narcodictadura resulta contrario a la verdad hablar de cuerpos de seguridad, pues la realidad cotidiana indica la existencia de cuerpos de exterminios y, como tales, no emplean medios disuasivos para disolver las manifestaciones, que al inicio son pacíficas, y después, por obra y gracia de los círculos del terror, se transforman en violentas, con saldos sangrientos de heridos, muertos, mutilados, etc., porque los organismos policiales y militares disparan las bombas lacrimógenas directamente a partes sensibles del cuerpo de los manifestantes, armas de fuego, balines envenenados con tuercas y tornillos, objetos contundentes, tanquetas, etc.

La articulista añadió:

-Mientras leía el informe del Foro Penal que reporta 2.118 detenciones hasta el 2 de abril (332 en el Zulia como resultado de los escuadrones del terror en Palaima, custodiados por la GN, que dejaron 12 denuncias de tortura que se suman a las 59 oficializadas antes), nos llega el jueves un SOS de la UCV denunciando la "salvaje agresión" de que fueron víctimas los estudiantes, primero de la GN, que les impidió iniciar la marcha con lacrimógenas, perdigones. y detenciones, y luego emboscados por los motorizados y "colectivos" oficialistas que portaban armas de fuego, palos, navajas, y dispararon, golpearon y hasta desnudaron a varios estudiantes, rompieron carteleras, pupitres y lo que encontraban a su paso, bajo la complicidad de la GN, que seguía impidiendo la salida estudiantil del recinto universitario (EN 04-04-14). Siete estudiantes sufrieron heridas abiertas, fracturas y contusiones. Las imágenes atroces que circularon en Internet y en la prensa del país dan prueba de la inmunidad que Maduro ha otorgado a estos escuadrones del terror, pues varios aparecieron sin capucha, pistola en mano y disparando, seguros de que nunca van a ser juzgados, ni encarcelados, porque tienen licencia para robar, violar y matar. Mientras esta barbarie ocurría en la UCV, Maduro, en cadena, creaba el "Consejo de Derechos Humanos", cuyos miembros son los ejecutores de la represión, violadores de la "Bicha" y victimarios de la soberanía popular. Allí están los ministros de la Defensa y del Interior, la defensora (del gobierno), fiscal, presidenta del TSJ, activas en la negación de justicia y en complacer los desafueros de Maduro, como despojar a los alcaldes Scarano y Ceballos de sus cargos logrados por masiva votación popular, y a la diputada Machado (la más votada de la AN). Acciones que abren el camino a La Haya.

Luego apuntó:

-A pesar de la actitud de los beneficiarios de nuestro petróleo en la OEA y la reticencia de otros gobiernos a reconocer que en Venezuela se violan todos los derechos humanos, las cosas están cambiando en el mundo. España suspendió la venta de material antidisturbios a Venezuela de manera indefinida, decisión que toma "ante la alarma que causó en el Gobierno español la violencia desatada en el país tras las protestas" (EU 04-04-14) La Unión Europea aprobó una declaración muy crítica sobre la represión oficial y la censura a los medios. Numerosos parlamentos del continente y del mundo han expresado su rechazo a la deriva totalitaria y violencia del régimen de Maduro (EEUU, México, Perú, Guatemala, Costa Rica, España y otros). Que el Senado de Brasil invitase a María Corina demuestra cuán autónomos son de la posición de su gobierno. Que un periódico tan legendariamente de izquierda como Le Monde dedicase un duro editorial contra la violencia sanguinaria de Maduro y la ruina del país, prueba de cómo es visto en el mundo.

Después indicó:

-La represión, torturas y allanamientos acrecientan las protestas: Todo el país está resistiendo los embates oficiales. Estudiantes y ciudadanos siguen tomando las calles. En varios lugares las protestas unen a barrios populares con zonas de clase media. Gremios, sindicatos y la Iglesia juzgan el régimen cada vez más dictatorial. La enérgica condena de la Conferencia Episcopal acusa que tras el "Plan de la Patria se esconde un sistema totalitario" negador de la democracia, retrata la miseria del país y rechaza la brutal represión a la disidencia política". Muchos igualan este mensaje de la CEV al de Monseñor Arias Blanco, previo a la caída de la dictadura de Pérez Jiménez.

Y al final escribió:

-Todas las encuestas registran que el chavismo es minoría; que más del 55% cree que el gobierno de Maduro no es democrático; más del 60% no duda que Leopoldo López es un preso político (lo cree hasta un 47% de los oficialistas); 54% pide que Maduro renuncie; 75% considera negativa la situación del país; 63% culpa al gobierno de la escasez: más del 60% está de acuerdo con las protestas; 63% dice que la FANB tortura, etc. No hay cifra favorable al gobierno, por eso la represión brutal. Nicolás pierde apoyo cada día y el país es una caldera hirviendo con el combustible de la inseguridad, inflación, escasez y represión. Maduro se ha convertido en el enterrador del proyecto plebiscitario de Chávez. RIP.

UN CRIMINAL CON PODER

El domingo 6 de abril de 2014 el abogado penalista, Luis Izquiel, relató en El Universal la negra historia de Yonny Bolívar, el homicida confeso del asesinato de Adriana Arquiola, acto criminal ocurrido el 23 de marzo de ese año en Los Teques, Municipio Guaicaipuro, Estado Miranda.

Lo hizo en el artículo "Un criminal con poder", que empleamos para titular este capítulo, el cual reza:

-La historia de Yonny Bolívar, el homicida confeso de Adriana Urquiola, la joven intérprete de señas que fue asesinada el pasado 23 de marzo en Los Nuevos Teques (Municipio Guaicaipuro), resume varias de las razones por las cuales Venezuela se encuentra, desde hace quince años, sumergida en una imparable crisis de inseguridad. Hoy cualquier criminal con conexiones con el poder puede vulnerar fácilmente las leyes y las instituciones del sistema de justicia del país.

Yonny Bolívar tiene un amplio prontuario criminal. En 2006 había sido sentenciado por un tribunal del Estado Lara a cumplir una pena de 23 años, siete meses y cinco días, por haber sido encontrado culpable de los delitos de secuestro, usurpación de título militar, ocultamiento ilícito de arma de fuego, aprovechamiento de acto falso y obtención de pasaporte falso. La pena le fue agravada por ser reincidente, ya que en 1996 también había sido condenado por hurto. Extraoficialmente se conoce que salió en libertad a principios de 2013. ¿Cómo pudo hacerlo en tan corto tiempo? ¿Cuál es el criterio que utiliza el Ministerio de Servicios Penitenciarios y los tribunales para otorgar beneficios procesales a través del denominado plan "Cayapa"? ¿Cuántos delincuentes en la actualidad están libres al cumplir solo una pequeña parte de la condena? Preguntas sin respuesta oficial.

La justicia de la narcodictadura, bajo el dominio de Cilia Flores, es dura contra quienes disienten de ella, pero extremadamente suave, con sus partidarios, aunque exhiban un negro historial delictivo como Yonny Bolívar y muchos otros de igual calaña, aunque hayan cometido delitos horrendos

Luego recordó:
-En una reciente entrevista, Yonny Bolívar reconoce que le fueron incautadas 3 armas de fuego durante un allanamiento a su residencia realizado con posterioridad al asesinato de Urquiola, todas con sus respectivos permisos legales (El Nacional, 30-03-14). ¿Quién le otorgó un documento de porte de arma a un individuo que había sido condenado por diversos y graves delitos? Esto sería interesante saberlo, ya que el artículo 19.5 de la Ley Desarme señala que uno de

los requisitos para obtener un permiso de porte o tenencia de arma de fuego, es precisamente "no tener antecedentes penales".

Bolívar también poseía una credencial de "comisionado" de la Policía Nacional Bolivariana. ¿Quién se la facilitó? ¿Por qué este cuerpo policial le otorgó un documento de estas características a un delincuente? ¿Quién desde el poder apadrinaba o apadrina a este individuo? Iris Varela señaló que alguna vez Yonny Bolívar fue al ministerio que dirige a reparar unos ascensores, pero que lo "conoce tanto como puede conocer a cualquier privado de libertad" (El Universal, 28-03-14).

En una fotografía que se publica en Internet ese criminal aparece con una chaqueta propia de los miembros del Cuerpo de Investigaciones Científicas, Penales y Criminalísticas

De igual modo apuntó;
-Los privilegios de Bolívar se remontan a su etapa de presidiario. En 2009 decenas de reclusos de la cárcel de El Dorado iniciaron una huelga de

hambre, ya que se quejaban de la existencia de un preso que tenía "beneficios especiales". Se trataba de Yonny Bolívar. Al respecto señalaron que "este señor es prácticamente un custodio en el penal, el tipo está armado, sale y entra cuando le da la gana y hasta ha tratado de atentar contra la vida de varios de nosotros" (Noticias 24, 16-03-2009).

A pesar de haber sido identificado y entrevistado por el CICPC, aparentemente Yonny Bolívar ya logró fugarse del país. Unos cuerpos de seguridad que en los últimos días han detenido a cerca de 2.000 personas por ejercer el derecho a la protesta, dejaron escapar tranquilamente a un homicida de esta calaña. Un reflejo de la inmensa impunidad que disfrutan hoy los delincuentes en Venezuela.

Finalizó sentenciando

-Las instituciones del Estado fallaron en el caso de Yonny Bolívar. No debió estar en libertad el 23/03/14. Nunca debió tener la posibilidad de asesinar a Adriana Urquiola

LA PROTESTA DE LOS TUITEROS

El sábado 5 abril de 2014 el periodista Víctor La Cruz, de El Universal, reportó:

-Caracas. - Usuarios de la red social Twitter protagonizaron un desnudo a manera de protesta, por los hechos ocurridos el jueves en la Universidad Central de Venezuela (UCV) en la que un estudiante que participó en la concentración fue despojado de sus ropas por grupos irregulares en esa casa de estudios.

Los tuiteros usaron el hashtag #MejorDesnudosQue y fueron tendencia (trending topic) la noche de este vienes.

La fuente añadió:

-El miércoles pasado el Movimiento Estudiantil pretendía marchar desde la UCV hasta la sede de la Vicepresidencia del Área Económica en La Campiña, pero no les fue permitida la salida de esa casa de estudios y la Guardia Nacional... y la Policía Nacional... les lanzaron bombas lacrimógenas; luego un grupo de personas presuntamente ligadas al oficialismo atacaron a algunos estudiantes y llegaron hasta a desnudar completamente a varios de ellos, y es esa la razón que motivó esta forma de protesta.

Entre quienes participaron en la iniciativa están tuiteros como: @ArturoArvelo, @mayerlinlondon, @panamayor, @MarieMargott, @alexrafa_lopez, @SharaNapoli, @arturo_ve, @Vnzlalibre_, @carlosdozzi, @Azabacheonline, @gabrielvzla17, @andregarcialz, @fredopar, @machavezf, @JoseGRojasZ, @Eliale7, @tatomolina, @LilianaGodoy, @Naaayraaa, entre otros.

Por otro lado, la Organización de Naciones Unidas hizo un llamado para que se valore el derecho a la vida en el país en un comunicado en el cual pidió el respeto a la protesta que realizan los jóvenes acampados al frente de su sede en Altamira, pero a su vez los conminó a permitir el libre tránsito.

El martes 23 de octubre de 2018 el periodista Daniel Lozano, del diario El Mundo, de España, en el reportaje "La revolución bolivariana, a la caza de tuiteros", expresó:

-La Comisión Interamericana de Derechos Humanos (CIDH) ha puesto en marcha sus mecanismos cautelares para proteger la vida y la salud del tuitero venezolano Pedro Jaimes, encarcelado desde hace cinco meses por publicar en Twitter el trayecto del avión presidencial. La medida fue solicitada por Espacio Público, ONG que también ha denunciado los tratos crueles y torturas sufridas por Jaimes desde que ingresó en la sede del Servicio Bolivariano de Inteligencia (SEBIN).

Luego aclaró:

-El caso de Jaimes no es una excepción. Una veintena de tuiteros (15 hombres y cinco mujeres) han sufrido la ira bolivariana desde 2014, cuando se desató el primer ciclo de protestas antigubernamentales. De ellos, tres permanecen en prisión, a otros se les mantiene con medidas cautelares, incluso los hay que han huido del país. Se trata de Jaimes y de los bomberos Carlos Varón y Ricardo Prieto, encarcelados por realizar un vídeo humorístico, en el que comparaban al primer mandatario con un burro para denunciar la pésima situación de sus condiciones de trabajo, y subirlo a sus redes sociales.

En este listado de 'castigados' no se incluyen los jóvenes que han permanecido seis meses en las mazmorras del SEBIN por las publicaciones en su muro de Facebook, en el que pedían volver a las protestas. El caso más destacado es del Dylan Canarte, patinador de 16 años que fue encarcelado pese a ser menor de edad y pese a contar con una orden de libertad emitida por el juez.

> *En la narcodictadura sus cuerpos de exterminio no cumplen las órdenes de excarcelación emitidas por los jueces penales y estos, por temor a perder los cargos, no las hacen cumplir, menos todavía el defensor del pueblo o el írrito fiscal general de la República*

Posteriormente destacó:

-Agentes del SEBIN capturaron a Jaimes en mayo, tras publicar en su cuenta especializada (@AereoMeteo) la ruta del avión presidencial en un vuelo interno. "Se le criminaliza por difundir una información conseguida a través de una de las aplicaciones donde basta con introducir las siglas del aparato para conocer su trayecto", explica a EL MUNDO Marysabel Rodríguez, de Espacio Público. Jaimes es un radioaficionado especialista en clima y espacio aéreo, quien fue "torturado y golpeado, lo que le ha provocado la fractura de una costilla que no ha recibido tratamiento posterior", añade Rodríguez.

Espacio Público también ha defendido al ciudadano detenido ilegalmente durante seis semanas en 2017 por retuitear una crítica contra el hijo de un jerarca del chavismo. Otro caso de ensañamiento contra alguien que no contaba ni siquiera con 500 seguidores en Twitter. La ONG protege su identidad, incluso cuando ya no está en el país tras huir hace unos meses.

Igualmente indicó:

-Una pena de 20 años de cárcel por delito de odio agravado, inventado por la Asamblea Nacional Constituyente (órgano revolucionario que ha arrebatado sus funciones al Parlamento), pende contra Varón y Prieto, los dos bomberos de Mérida que grabaron el popular vídeo del burro. "Se trata de dos hombres del pueblo que no son ninguna amenaza. Todavía están asombrados por lo sucedido", revela a este periódico Mayda Hocevar, directora del Observatorio de Derechos Humanos de la Universidad de Los Andes, que asiste a ambos bomberos.

El juez de control que lleva el caso es un entusiasta de la revolución que incluso aparece armado junto a los colectivos (paramilitares) de la zona. El Estado, además, ha intervenido al Cuerpo de Bomberos de Mérida para evitar el apoyo de sus compañeros, que serán "reentrenados" tras el incidente.

"Estamos ante el ejercicio arbitrario del poder y la consiguiente crueldad con que son tratados. Un poder que no tiene miedo a la auditoria", confirma Carlos Correa, director de Espacio Público. "Es un mecanismo para inocular miedo a las personas", sentencia Rodríguez.

LOS CÍRCULOS DEL TERROR DISPERSARON PROTESTA EN CARICUAO

El 15 de marzo de 2014 el entonces alcalde Metropolitano, Antonio Ledezma, condenó que el régimen de Nicolás Maduro utilice a "sus grupos armados" para impedir la protesta de gente que reclama seguridad, alimentación, empleo y paz, reportó El Nacional.

El medio agregó:

-El alcalde Metropolitano, Antonio Ledezma, acompañado por el diputado Richard Blanco, concejales y dirigentes vecinales, intentaron concentrarse la mañana de este sábado en la UD5 de Caricuao para protestar contra el desgobierno y la represión, pero cuerpos policiales y castrenses, así como grupos violentos identificados con el oficialismo, amedrentaron a los manifestantes con gritos, pancartas y motos que rondaban el sector.

El exfuncionario expresó:

-Desde anoche estábamos recibiendo todo tipo de amenazas y visitas intimidatorias a los vecinos de

Caricuao que viven amenazados para que no salgan a protestar.

Según El Nacional, las amenazas comenzaron antes que la concentración de manifestantes opositores en la UD-5 de Caricuao se iniciara y en varios puntos de la parroquia circularon colectivos en motocicletas para gritar consignas en contra de la protesta: "Esto no es Chacao, es Caricuao. Fuera los fascistas".

Gabriela Arellano, para entonces dirigente del movimiento estudiantil, que estuvo en la concentración en UD-5., declaró: "En el país protestan todos los sectores ante los ataques de grupos armados afectos al gobierno. No lograrán amedrentarnos.

-Pero la manifestación –explicó El Nacional- apenas duró una hora. La presencia de una comisión de la Policía Nacional..., a las 11:30 am, aproximadamente, obligó a los manifestantes a movilizarse a otros sectores: Ruíz Pineda y UD-2 de Caricuao. En este último punto fueron alcanzados por efectivos policiales y colectivos.

Jeimy Hung, manifestante opositora y vecina de la parroquia, fue agredida por una mujer que vestía franela con consignas alusivas a la Fuerza Armada Nacional.

-Primero –señaló- golpeó a una adolescente de 15 años y le reclamé. Ese fue el motivo para que se me lanzara encima y cayera a golpes.

En la misma fecha, el referido medio dio a conocer la detención de 15 jóvenes, el día anterior, en los alrededores de la plaza Altamira, por parte de efectivos de la Guardia Nacional..., quienes fueron llevados a la morgue para ser sometidos a exámenes forenses, según informó Ligia Camejo, directora del Foro Penal Venezolano, la cual señaló que entre los detenidos hay varios estudiantes, que luego serían llevados, desde el regimiento de seguridad urbana de Fuerte Tiuna a la sede del Cuerpo de Investigaciones Científicas, Penales y Criminalísticas de Parque Carabobo.

Los Círculos del Terror asesinaron a las 9 de la noche del jueves 13 de marzo de 2014 al joven Deivison Gabriel Torrevilla Sanabria, de 18 años de edad, de un tiro que recibió en el costado derecho y le afectó un pulmón, al quedar en la línea de fuego de dos motorizados, presuntos integrantes de un colectivo, que buscaban a un tupamaro, a quien hirieron. Disfrutaba de una beca del Ministerio del Deporte y era recreador del Ministerio de la Cultura. El 26 de ese mes iba a iniciar estudios de ingeniería en la Universidad Marítima del Caribe. Vecinos trancaron la calle principal de La Cortada de Catia, Gramoven, Parroquia Sucre, Municipio Libertador para protestar por su muerte

LA REPRESIÓN MATA Y DETIENE A LOS MANIFESTANTES

El viernes 4 de abril de 2014 la entonces fiscal general de la República, Luisa Ortega Díaz, en rueda de prensa, anunció que desde el 12 de febrero y marzo del mismo, con motivo de las protestas contra el régimen de Nicolás Maduro, habían fallecido 39 personas y 192 fueron privadas de libertad.

Fueron asesinatos cometidos por los órganos de exterminio de la narcodictadura de personas que manifestaban contra el régimen y la despiadada represión ordenada por Nicolás Maduro y su ministro del Interior, Justicia y Paz para apagar definitivamente la voz de los jóvenes, que siempre han estado en la vanguardia de las luchas contra gobiernos dictatoriales

CICUNE.ORG

Según el inventario de la exfuncionaria de la narcodictadura, de las 39 víctimas mortales 31 eran civiles, 7 funcionarios policiales y un fiscal del Ministerio Público

Igualmente reveló que se registraron 608 lesionados, de los cuales 414 son civiles y 194 policías o militares y que fueron privados de libertad 192 manifestantes, mientras que 2.285 fueron aprehendidas y presentadas ante los órganos jurisdiccionales.

Según la exfiscal, que al ser separada irregularmente del caro se transformó en enemiga del régimen, durante las protestas, se han vulnerado también los derechos de los venezolanos que no han podido llegar a sus trabajos, llevar a sus niños a los colegios o asistir a centros de salud porque se les impidió el libre tránsito.

Luego apuntó que las acusaciones son a personas partícipes de hechos violentos en el Distrito Capital y en los estados Bolívar, Lara, Mérida, Miranda, Nueva Esparta, Vargas, Carabobo, Falcón y Trujillo.

Explicó también:

-Instigación pública, porte ilícito de armas, obstaculización de las vías públicas, destrozos a instituciones del Estado, entre otros, son algunos de los delitos por las que son acusadas 67 personas, entre ellas, Leopoldo López.

Asimismo, señaló que se acusó a dos efectivos de la Policía de Chacao, ambos por homicidio calificado además de quebrantamiento de acuerdos y pactos internacionales, privación ilegítima de libertad, uso indebido de armas y trato cruel.

También precisó que dos funcionarios de la Policía Nacional Bolivariana se encuentran privados de libertad, por los delitos de trato cruel y quebrantamiento de acuerdos y pactos internacionales.

> *Ni esta fiscal ni su írrito sucesor para nada en sus procedimientos sancionatorios han tocado la cadena de mando, limitándose solamente a los funcionarios ejecutores de tales violaciones de los derechos humanos de quienes se encuentran en condición de presos y, por lo tanto, bajo la protección del Estado*

Esta información fue tomada de una Nota de Prensa emitida por la oficialista Agencia Venezolana de Noticias.

MICRONOTICIAS SOBRE LA REPRESIÓN

El 26 de marzo de 2014, según reporte de Últimas Noticias la Guardia Nacional siguió presente en el distribuidor de Santa Fe, en la autopista de Prados del Este.

-Usuarios de Twitter –agregó- reportan que la GN continúa dispersando con bombas lacrimógenas.

A horas de la tarde de este miércoles, los manifestantes trancaron la autopista por el distribuidor de Santa Fe y fueron dispersados con bombas lacrimógenas.

Alfredo Romero, del Foro Penal, denunció a través de su cuenta Twitter la detención de al menos tres personas que se encontraban trancando el elevado del distribuidor.

En la misma fecha, según informó Rolando Hurtado Cobos, del referido medio, centenares de personas, en su mayoría mujeres, realizaron una movilización desde el sector La Parroquia hasta el Parque El Ejercito, ubicado en los alrededores del Centro Comercial Las Tapias (Municipio Libertador del Estado Mérida), como rechazo a la violencia y por la memoria de las personas que han perdido la vida durante las protestas callejeras.

Con banderas y cruces negras, los manifestantes recorrieron la avenida Andrés Bello de la capital andina. A lo largo del recorrido se iban sumando personas a la movilización, que se llevó a cabo en horas de la mañana de este miércoles y fue convocada por la sociedad civil merideña, que se mantiene en pie de lucha.

Ese mismo día, apuntó Hurtado Cobos, se llevó a cabo un encuentro ciudadano encabezado por el Monseñor Baltazar Porras (Arzobispo de Mérida), Mario Bonucci (Rector de la Universidad de Los Andes) y Carlos García (Alcalde del Municipio Libertador), en el que se dio un rechazo contundente a la violencia que se ha adueñado de la ciudad en las últimas semanas.

Porras, hizo un llamado al diálogo a favor de la paz del pueblo de Mérida. Así mismo, destacó que la protesta (consagrada en la Constitución de la República), es producto del deterioro paulatino de la calidad de vida de los venezolanos.

De igual forma, el Rector de la ULA y el alcalde de Libertador, lamentaron la muerte de seres humanos valiosos, durante el desarrollo de las protestas. En este sentido, la máxima autoridad "ulandina", propuso la creación de una mesa de diálogo donde se traten temas de importancia para los merideños, tales como: desabastecimiento, inseguridad y desempleo.

Otro reporte difundido por Últimas Noticias, con información de EFE, indicó:

-26-3- Costa Rica lamentó hoy la pérdida de vidas humanas en las protestas que ocurren en Venezuela desde hace más de un mes y abogó por el cese de la violencia, para lo cual destacó el papel que está jugando la Unión de Naciones Suramericanas (UNASUR).

La Cancillería costarricense indicó en un comunicado que ha seguido con "profunda y legítima preocupación" los acontecimientos en Venezuela y afirmó que le "angustia la dolorosa pérdida de vidas humanas causada por los enfrentamientos violentos".
Agregó que "en pleno respeto a los principios de no intervención y autodeterminación de los pueblos (...) Costa Rica demanda el cese inmediato del uso de la violencia y la represión que afectan al hermano pueblo venezolano".

El Gobierno del país centroamericano también hizo un llamado para que se garantice el respeto al derecho a la vida, así como a las libertades y garantías individuales.

USO EXCESIVO DE LA FUERZA CONTRA MANIFESTANTES

El 15 de febrero de 2014 Últimas Noticias reportó:

-La oficina del Alto Comisionado de la ONU para los derechos humanos expresó su preocupación por la escalada de violencia en Venezuela y pidió una investigación "inmediata, exhaustiva e imparcial" sobre la muerte de tres manifestantes en Caracas y el uso excesivo de la fuerza.

Los autores de esos actos "deben ser enjuiciados" y "sancionados con las penas adecuadas", afirmó en Ginebra el portavoz del Alto Comisionado, Rupert Colville.

"Estamos especialmente preocupados por informaciones sobre ataques contra manifestantes por parte de grupos armados que actúan con impunidad. También nos preocupa que la situación pueda desencadenar más estallidos de violencia (…)", afirmó Colville.

"Miles de personas de las grandes ciudades de Venezuela participaron en las protestas contra la detención de manifestantes estudiantiles, los altos índices de criminalidad y las dificultades económicas", dijo a la prensa Colville.

"Hemos recibido informes preocupantes de intimidación a periodistas, algunos de los cuales han tenido sus equipos confiscados, y otros incluso han sido atacados", afirmó.

El portavoz alertó que algunos manifestantes detenidos podrían ser procesados con cargos de terrorismo y a otros, entre los que hay menores, se les ha negado contacto con sus familiares o abogados.

Luego apuntó:

-La ONU pidió al Gobierno venezolano que todos los detenidos sean llevados sin demora ante la justicia para determinar la legalidad de su detención u ordenar su liberación.

También le instó a garantizar el derecho a la libertad de reunión, de opinión y de expresión pacífica.

Por otro lado, según la misma fuente, la Alta Representante de la Unión Europea (UE) para la Política Exterior, Catherine Ashton, expresó su preocupación por la situación de Venezuela y pidió a las partes que desarrollen un "diálogo pacífico".

Asimismo, subrayó que "la libertad de expresión y el derecho a la participación en manifestaciones pacíficas son esenciales", según indicó su portavoz mediante un comunicado.

SEÑOR MADURO, A USTED TAMBIÉN LE LLEGARÁ SU HORA

De Rosalía Moros de Borregales es el artículo publicado el sábado 15 de febrero de 2014 en El Universal con el mismo título de este capítulo, el cual reza así:

Ilustración 2. Caricatura de Pinilla

-Señor Maduro, no hay nada que ciegue más el entendimiento que una posición de poder. El alma del ser humano es débil, los halagos, los lujos y la sumisión de otros la envanecen llenándole el corazón de soberbia. Lamentablemente, muchos viven lo momentáneo como si fuera lo definitivo; olvidan que la tierra gira, que el mismo Sol abraza a unos y a otros, que cuando la noche llega nos arropa a todos con su manto. Todos tenemos un ciclo de vida en esta tierra, lo importante es cómo la vivimos, la huella que dejamos a nuestro paso, el registro de nuestras acciones en la vida de otros.

Ese minúsculo poder otorgado a algunos políticos mediante elecciones democráticas, usurpado por otros, les concede a ciertos hombres capacidades que les hacen pensar de sí mismos más allá de los límites de la cordura, sin ponderación alguna. La vanagloria les ciega el razonamiento, les nubla la vista; todo lo que ven en el futuro es la imagen hipertrófica de ellos mismos sentados en su trono de poder. Una combinación exquisita para estos enfermos de la autoridad es el control del dinero y de las armas. El dinero, que, de acuerdo al criterio del hombre déspota, compra todo, hasta las voluntades humanas. Las armas, que amedrentan pueblos enteros, que subyugan voluntades, que apagan vidas.

Mientras usted, señor Maduro, elegantemente vestido, adornado con la cinta de la más alta magistratura de nuestro país, la cual le queda grande, se enaltecía en el despliegue de un desfile militar que irónicamente incorporó hasta la imagen de la virgen junto con los diablos de Yare; inocentes muchachos paridos por nuestra tierra encontraron la muerte cuando buscaban la libertad. Abatidos por las manos de sus policías, de sus colectivos armados, de los monstruos creados por el peor legado de nuestra historia, el odio de su comandante Chávez. Policías incapaces de defendernos en la insegura cotidianidad del venezolano. Grupos violentos que demuestran una vez más, que aquí los únicos que no están armados son los ciudadanos comunes, porque todos los que están a su servicio, con uniforme o sin él, poseen armas de guerra.

Cuando usted, señor Maduro, pretendía obligar a todos los venezolanos a ver su ególatra desfile, cuando usted pretendía hacerle creer al mundo que

Venezuela estaba de celebración, los venezolanos en toda la geografía nacional se las ingeniaron para tomar videos, para registrar para los ojos propios y los del mundo entero lo que estaba sucediendo. Porque usted, mal asesorado por esas cachuchas verdes que solo lo aprecian por la riqueza de nuestra nación, nos ha ido apagando todos los medios de comunicación. A todos les ha ido llegando su hora, como recientemente usted lo declaró. Si, quizá, a todos los medios les llegará su hora, porque, por un tiempo, usted tiene el poder para cerrarlos; pero, por encima de su poder está el poder de Dios, cuyos ojos se pasean por toda la tierra, cuya justicia se ejecuta desde los cielos, cuya sentencia para aquellos que matan inocentes ya está determinada.

Su hora, señor Maduro, la mía, y la de cada venezolano ciertamente nos llegará. Recuerde, que muchos de sus filas cuando más omnipotentes se sintieron, cuando ensoberbecidos por su raquítico poder pensaron que todo lo podían, fueron sorprendidos por hechos que ni el dinero, ni las armas, ni todo su poder pudieron resolver. Inexorablemente, hay una sentencia divina sobre la vida de cada hombre, ante la cual todas las fuerzas de la tierra no tienen poder alguno. Recuerde, ante los ojos de Dios lo que importa es lo que ha atesorado en su corazón. ¡Al altivo lo humilla y al humilde lo exalta!

Al final apuntó:

-Porque para todo lo que quieras hay un tiempo y un cómo, aunque el gran mal que pesa sobre el hombre es no saber lo que ha de ocurrir; y el cuándo haya de ocurrir, ¿quién se lo va a anunciar? No hay hombre que tenga potestad sobre el aliento de vida para poder conservarlo, ni potestad sobre el día de la muerte. Y no valen armas en tal guerra, ni la maldad librará al malvado". Eclesiastés 7:6-8.

CARTA A JOSÉ ANTONIO ABREU Y GUSTAVO DUDAMEL

El viernes 14 de febrero de 2014 el diario El Universal divulgó la carta que le enviara a José Antonio Abreu y Gustavo Dudamel la pianista Gabriela Montero que a grandes rasgos describe la terrible situación del país creada por quienes desde 1999 dirigen los destinos de Venezuela y la posición que ante la misma deben adoptar los artistas.

Reza así:
-Ayer, tomaron mi post en inglés, lo tradujeron y presumieron que esa era mi carta. Solo les comentaba mi intención de escribirla en los próximos días. Aquí está.

La acabo de traducir, con un dolor de cabeza tremendo y saliendo para un ensayo. Disculpen si faltan acentos. etc. Me parece que es urgente manifestarse en el momento.

CARTA A JOSE ANTONIO ABREU Y GUSTAVO DUDAMEL:

Venezuela se hunde. Se hunde cívicamente, económicamente y moralmente. Nuestra sociedad hoy en día se viste de violencia llevada de la mano de los delincuentes que han sido creados, alimentados y organizados por el gobierno. Nunca habíamos visto la violencia que hoy en día vivimos en Venezuela. Atacan y matan a nuestros ciudadanos hasta el punto en que Caracas se ha convertido en la capital más sanguinaria del mundo. El año pasado, 25.000 personas perdieron sus vidas debido a actos de violencia, y decenas de miles más fueron secuestradas. Transparency International cita a Venezuela como uno de los países más corruptos, en una posición de 160 de 177 naciones.

Voy a ser muy clara. Yo creo firmemente que los recursos de Venezuela les pertenecen a TODOS los venezolanos y que TODOS los venezolanos deberían beneficiarse equitativamente de nuestra privilegiada posición como guardianes de las más grandes reservas de petróleo y demás recursos naturales del mundo. Creo que deberíamos buscar imitar a naciones como Noruega, la cual se encuentra en unas de las posiciones máximas de transparencia a nivel mundial. Podríamos compartir nuestras riquezas naturales bajo un esquema de organizada y transparente repartición de esas riquezas. La responsabilidad de cualquier gobierno es la de MANEJAR Y ADMINISTRAR justamente los recursos de la nación, no expropiarlas para el uso personal de aquellos que buscan beneficiarse de ello.

Luego puntualizó:

-Permítanme también aclararles que pienso que la música y el arte deben de ser el corazón latiente de toda sociedad, y que nuestra salud artística debe de ser un importante barómetro de nuestro compás moral en una sociedad civilizada. Soy una gran luchadora porque el arte y la música les lleguen a TODOS los niños, y a todos los seres que compartimos este pequeño hábitat que es el mundo. En ese sentido,

El Sistema ha logrado esta gran meta, y aplaudo este aspecto del proyecto, así como lo hace el resto del mundo.

Aplaudo a los muchachos, profesores, padres y madres por su esfuerzo y dedicación.

Pero ha llegado el momento en el que los artistas que gozan de prominentes posiciones y voz pública ya no pueden calladamente aceptar el hurto y destrucción de nuestro país debido a una corrupta ideología política, por miedo a renunciar a beneficios y apoyos económicos. Nuestra democracia ha colapsado, y con ella, nuestra dignidad. Las tres ramas independientes de nuestra democracia han sido usurpadas por un gobierno mal gerenciado, manipulador y gravemente corrupto presentándose como una supuesta democracia. Al menos que exijamos restaurar la dignidad humana en Venezuela, y no solo tocando la música que todos amamos, pronto no tendremos un país en el cual tocar nuestra música y criar a nuestros hijos.

Seguidamente indicó:

-Gustavo: Tienes razón en enfocar tu energía creativa en esa bella flor de música y juventud, y nadie puede negar que has aportado alegría y vitalidad a la música clásica a nivel nacional e internacional. Yo soy la primera en felicitarte por ello, pero te equivocas en ignorar el oasis tóxico en el cual se encuentra esa solitaria flor, a punto de morir y de asfixiarse, consumida por la putrefacción que la rodea. Cuando viajas al extranjero, eres testigo de lo que realmente es una sociedad funcional, lo que es la verdadera ley, y la dignidad humana. ¿Hasta cuándo seguirás ciego a la lamentable realidad de tu país? ¿Hasta cuándo rehusarás ver que somos la antítesis de una sociedad en paz, justa y para todos?

José Antonio: Me conoces desde niña. Dirigiste mi primer concierto con orquesta cuando solo contaba con 8 años. No crecí ni me formé en El Sistema, pero disfruté infinidad de veces de tocar con tus orquestas. Tú sabes que lo que yo deseo, es lo que tú, Gustavo y todos los músicos venezolanos quieren- lo que TODOS los venezolanos queremos- una nación civilizada fundada en los nobles principios de la Regla de Oro. Respeto mutuo, trabajo honesto y justicia para todos sin distinción social de ningún tipo. Una nación que celebre esa relación tan íntegra y profunda que existe entre la música y los venezolanos. Reitero, estamos luchando por lo mismo, pero de diferentes maneras.

A continuación, escribió:

-El 12 de febrero se cruzó una línea. Como bien sabes, una protesta pacífica fue teñida de sangre y muerte por los mismos cuerpos delictivos que han matado a tantos en estos años, aupados y arropados por el gobierno -el gobierno que apoya tus orquestas. El mismo gobierno que gozaba de la participación de tus orquestas, dirigidas por Gustavo y Christian cuando masacraban a nuestros estudiantes en las calles. Había resistido enfrentarme a ti y a Gustavo públicamente hasta ahora. Pero ya la indignación y dolor es demasiado grande. Ahora lo hago debido a la urgencia por la cual vive nuestro país, y les pido APASIONADAMENTE a ustedes y a todos los artistas y colegas que se unan a mí y millones de venezolanos en exigir la restauración de nuestra dignidad. Una nación no le pertenece a ningún individuo o partido político. Venezuela le pertenece a los venezolanos!! Ha llegado el momento de devolverle el país a su gente, en unidad, paz y respeto. Ustedes dos tienen el poder de liderar un ENORME y SIGNIFICANTE cambio alzando sus voces y defendiéndonos a TODOS, no solo a las personas beneficiadas e involucradas en EL SISTEMA.

¡POR FAVOR UTILICEN LA VOZ QUE TIENEN!

Gabriela Montero

SOÑAR NO CUESTA NADA

El sábado 15 de febrero de 2014, a apenas tres días de que los jóvenes venezolanos dieran inicio a la lucha cívica contra la narcodictadura de Nicolás Maduro, Carlos Ramón Guerra García publicó en el diario El Universal el artículo que se transcribe a continuación titulado "Jóvenes llorando sangre":

-Soñar con un país lleno de paz, lleno de gente unida por luchar por su país, donde la democracia sea la luz que ilumina el sendero, donde las calles no se llenen más de sangre, parece ser algo muy lejano; ya basta de tanta delincuencia, de tanta represión, de medios de comunicación que bajo el lema "Información justa y balanceada" se mantienen en silencio por miedo a ser clausurados por este gobierno represor.

Venezuela necesita un nuevo amanecer y por esto hay que luchar, no es una posibilidad sino una obligación, no permitamos que este país se siga sumergiendo en la oscuridad de la delincuencia, la escasez, el desempleo, la violencia, la intolerancia, la división; la injusticia, la mentira, la ambición y la maldad son las cosas que en nuestro país parecen reinar.

Yo no me quiero ir de Venezuela en busca de un futuro mejor, quiero quedarme y ser un ciudadano que lucha día a día, no por cambiar lo que hay sino por perfeccionarlo, quiero luchar por mi gente, por esta tierra que me vio nacer, aquí está mi niñez, mi vida, mi historia, mis primeros pasos, soy venezolano, este es mi país. "Más que mi patria, mi raíz" aquí aprendí a crear ideas, y hoy con lágrimas en ojos sufro por Venezuela y sus venezolanos.

Hoy estamos viviendo una situación bastante lamentable, los jóvenes somos tildados de criminales por salir e intentar hacer valer nuestros derechos, pancartas con el mensaje "No me mates, no me dispares, soy estudiante" realmente marcan la diferencia, conjuntamente con el mensaje "Mamá voy a luchar por Venezuela, si no regreso me fui con ella" esto demuestra que los jóvenes seguimos con la viva esperanza de lograr un mejor país.

El pasado miércoles 12 de febrero nos encontramos frente a un escenario donde pareciera que los generadores de violencia somos únicamente el sector opositor. Y así lo hizo saber Luisa Ortega Díaz, Jorge Rodríguez y Miguel Rodríguez, sentenciando, descalificando y poniendo tras las rejas algunos ciudadanos sin siquiera investigar o intentar profundizar sobre los hechos de violencia generados ese día, hechos que no tolero, y que no quiero que ocurran en mi país.

El general Miguel Rodríguez Torres, quien desde el Ministerio del Interior Justicia y Paz desató una terrible represión contra los estudiantes que expresaron su repudio a la narcodictadura en tiendas de campañas situadas en las cercanías de la inoperante oficina de las Naciones Unidas en Venezuela, bebería después de la misma medicina que aplicó a la juventud rebelde al convertirse en prisionero del régimen al que sirvió con lealtad

Después se lee:
-A la Fiscal General de la República, le invito a pensar en las distintas hipótesis para poder aplicar la justicia, si es que realmente lo sabe hacer y no se deja llevar por las órdenes de quien hoy es, de manera ilegítima, el Ejecutivo Nacional.

Al ser despojada inconstitucionalmente del cargo la entonces fiscal, pudo ver las crueldades de la narcodictadura a la que sirvió con tanto empeño, como antes lo hiciera con el dictador teniente coronel (RETIRADO) Hugo Chávez y sus oídos pudieron escuchar los lamentos de tantos venezolanos a quienes se les violó sus derechos, inclusive el de la vida

El señor Nicolás Maduro, el ilegitimo, antes de estas manifestaciones activó un plan llamado "Plan anti-golpe" me pregunto, ¿por qué lo hizo? ¿Acaso tiene miedo de perder el poder el cual ha tomado de manera ilegítima? En su discurso en el estado Aragua, en la inauguración de un monumento en conmemoración a los 200 años de la batalla de la victoria, lo dijo claramente: "la marcha de la oposición se había retirado" al analizar sus palabras queda muy claro que el sector opositor no fue quien generó la violencia en la sede del Ministerio Publico sino personas inescrupulosas, infiltrados que con sus hechos pretendían generar violencia con la intención de culpar a algún dirigente opositor, quizás con órdenes de algún superior del oficialismo.

Por otra parte "el canal del Estado" se cansó de repetir una y otra vez imágenes de violencia, generada, supuestamente por "la derecha fascista y asesina" ¿No fue el mismo miércoles a tempranas horas cundo el director de CONATEL les prohibió a los medios de comunicación transmitir este tipo de imágenes para no crear tensión en la ciudadanía? Ah, cierto que para los rojos no hay ley, siempre hacen lo que les dé la gana, violan descaradamente el derecho a la libertad de expresión.

Ahora bien, ¿por qué tanto ensañamiento contra los dirigentes opositores Leopoldo López y María Corina Machado, si ellos lo que hicieron fue motivar a los venezolanos a salir a la calle a manifestar pacíficamente y a ejercer un derecho consagrado en la Constitución en el artículo 68, el cual establece: "los ciudadanos y ciudadanas tienen derecho a manifestar, pacíficamente..."? O, ¿acaso el sector oficialista es el único que tiene el derecho a manifestar? Ya estamos cansados de tanta injusticia.

Podemos corroborar también el interés que existía en que Venezuela dejara de pertenecer al sistema interamericano de derechos humanos. Para que cuando ocurrieran las violaciones de derechos humanos que ocurren constantemente en Venezuela los ciudadanos nos encontráramos desprotegidos por parte de organismos internacionales y así nadie le pusiera freno alguno al Gobierno. Lamentablemente los derechos humanos que están consagrados en nuestra Constitución parecen ser letra muerta.

Decimos no a la violencia, no es nada fácil la tarea en un país dividido, pero somos hijos de Venezuela, hijos de la libertad.

Quien les escribe, un ciudadano venezolano, hijo de esta tierra, amante de la democracia y de la verdadera libertad, cansado de tanta violencia, de tantos falsos hijos de Venezuela que contribuyen a teñir el país con sangre.

(Vale la pena recordar que, en julio de 2014 El Universal, uno de los decanos de la prensa nacional, pasó de las manos de su familia fundadora a las de unos compradores que se ocultan tras varias empresas de fachada. Desde entonces, el diario 'El Universal' se viene empeñando en desarrollar una cobertura sin aristas, complaciente con el poder y distraída con la disidencia, que sin rubor sus nuevas autoridades llaman "periodismo plano". Este texto aparece en el citado artículo de Carlos Ramón Guerra García)

LOS INDÍGENAS NO TIENEN QUIEN LOS DEFIENDA

En la época colonial la corona española promulgó las llamadas Leyes de Indias mediante las cuales trataban de otorgar derechos a los indígenas frente a algunos abusos que se estaban cometiendo; sin embargo, los conquistadores las acataban, pero no la cumplían.

En la era del llamado socialismo del siglo XXI, que se inició en febrero de 1999, la Constitución establece diversos derechos para proteger a los pueblos primitivos, como el derecho a la vida, a la salud, a la alimentación, el respeto de su hábitat y creencias, etc., que en la práctica son letra muerta porque no se cumplen, a pesar de que las arbitrariedades, procedentes de efectivos de las Fuerzas Armadas, mineros, narcotraficantes y guerrilleros colombianos son conocidas por parte de las autoridades mediante denuncias procedentes de organizaciones no gubernamentales, las redes sociales y las propias víctimas.

El 17 de agosto de 2022 Juan Bautista Salas, del diario El Impulso, de Barquisimeto, reportó al efecto:

-Por los derechos de los indígenas, quienes han sido asesinados en distintos hechos y sus muertes han quedado impunes hasta la fecha, abogó este martes Romel Guzamana, diputado de la legítima Asamblea Nacional 2015.

El parlamentario por Voluntad Popular recordó la muerte del dirigente indígena Virgilio Trujillo, quien pertenecía a la etnia Piaroa. Él denunciaba y no estaba de acuerdo con la presencia de la guerrilla colombiana en su comunidad, hoy no está con nosotros porque fue asesinado. Virgilio defendía los derechos y sus tierras, dijo.

Luego apuntó:

-Además, condenó la complicidad de los uniformados venezolanos en estos casos. Cuántas veces hemos denunciado a esos paracos, delincuentes, a esos militares venezolanos que se callan por una cuota de dinero por parte de esos asesinos, dijo al recordar al indígena Sabino Romero, asesinado en una carretera de la Sierra de Perijá en el Estado Zulia, por mandato del mismo régimen de Maduro.

Para muchos, los indios, como nos llaman, somos tratados como personas sin derechos y eso que tenemos leyes en la Constitución, pero no somos reconocidos (…) Es necesario seguir denunciando a todos aquellos que quieren seguir acabando con los pueblos indígenas. Hago un llamado a los jueces y fiscales para que se pongan a la orden de nuestros hermanos indígenas y defiendan sus derechos.

Igualmente destacó:

-Guzamana repudió la muerte de los cuatro yanomamis, asesinados por un dispositivo de Internet, y de los siete pemones en la Gran Sabana. "¿Dónde están los culpables, los expedientes de los asesinos? Quieren tapar el sol con un dedo, esta vez con bolsas de comida, como si los hermanos yanomamis no valieran nada".

Estas muertes han quedado en el olvido e impunes. Los indígenas carecen de todos los derechos, además sus tierras son arrebatadas por la delincuencia. Nosotros desde esta tribuna lo hemos denunciado. El arco minero está asesinando a todas las comunidades indígenas. Mis hermanos necesitan protección, el régimen ha vulnerado nuestros derechos, aseguró.

EL ARBITRARIO RASTREO DE LOS TELÉFONOS

La Constitución Nacional de Venezuela en su artículo 48 "garantiza el secreto e inviolabilidad de las comunicaciones privadas en todas sus formas y recalca que "No podrán ser interferidas sino por orden de un tribunal competente, con el cumplimiento de las disposiciones legales y preservándose el secreto de lo privado que no guarde relación con el correspondiente proceso".

Por su parte, el artículo 60 señala que "toda persona tiene derecho a la protección de su honor, vida privada, intimidad, propia imagen, confidencialidad, y reputación".

La realidad cotidiana demuestra que ambos artículos son violados por la narcodictadura mediante la siniestra Comisión Nacional de Telecomunicaciones, conocida popularmente como CONATEL.

El 17 de agosto de 2022 la periodista Sebastiana Barráez, del portal Infobae, reveló al respecto:

-La declaración insólita de una teniente de Inteligencia sobre el caso de los drones en Venezuela. La mujer, cuyo alias es "La Cochina", explica cómo se procede sin órdenes judiciales a rastrear teléfonos y alega que "recibe órdenes".

Y agregó:

-Yolmer José Escalona Torrealba es un joven condenado a 30 años de prisión por el caso de los drones. Según la declaración que dio en el Tribunal la teniente (GN) Gabriela Estela Alas Caballero, quien pidió su detención, se basó en la mención que "una persona" hizo de él, su ubicación según el rastreo telefónico y de internet que la funcionaria de inteligencia hizo sobre él. La mujer, cuyo alias es "La Cochina", explica cómo se procede sin órdenes judiciales a rastrear teléfonos y alega que "recibe órdenes", a la vez que "imagina" que las personas tienen derecho a la confidencialidad.

Escalona es hermano de Yilber Alberto Escalona Torrealba, solicitado como el explosivista del intento de magnicidio (tiranicidio diría yo) contra Nicolás Maduro, el 4 de agosto de 2018, durante la celebración del desfile por el día de la Guardia Nacional. A Yolmer José lo detienen, junto con su pareja Emirlendis Carolina Benítez Rosales, José Miguel Estrada González y Alberto José Bracho Rosques, cuando se trasladaban en un vehículo Chevrolet, Spark azul, en el puesto policial La Coromoto de la Policía Nacional, en el Km 163 de la autopista José Antonio Páez.

Luego apuntó:

-Después de la declaración que la funcionaria de la DGCIM, Alas Caballero, dio en el Tribunal, la respuesta de Yolmer Escalona fue puntual. "La señora vino a mentir. Usted le preguntó si hubo un familiar mío en el hecho y dijo que no, pero a las 9 ya había una orden de detención en mi contra. ¿Por qué me detuvieron a las 3 de la madrugada? Ningún familiar mío fue detenido al momento del hecho y cuando me detuvieron, no había orden de detención. Dijo que a los 9 de la noche ya tenía mi teléfono y es falso, porque me detuvieron a las 3am: la señora está mintiendo".

Posteriormente destacó:

-La teniente (GN) Gabriela Estela Alas Caballero cuyo alias es La Cochina, tiene 28 años de edad y casi tres adscrita a la Dirección General de Contrainteligencia Militar (DGCIM), narró ante el

Tribunal que juzgó el caso de los drones como se conoce al intento de magnicidio del 4 de agosto de 2018, que ella comienza a hacer telefonía y que "mediante personas de confianza, logró constatar que el ciudadano Escalona fue quien extrajo, en Barquisimeto, a los ciudadanos que participaron en el magnicidio frustrado de... Nicolás Maduro".

Cuando le preguntaron en qué consistieron esos trabajos de inteligencia, la mujer respondió: "Son netamente de telefonía, con materiales confidenciales, los cuales no le puedo revelar, pero hay fuentes que tenemos a lo largo del territorio nacional, a quienes recurrimos cuando ocurre un tema de esta magnitud. La telefonía nos arroja puntos que nos dicen dónde estaba la persona al ocurrir los hechos".

Dice que a quien rastrearon, a través del sistema de telefonía, fue a Yolmer Escalona. "Tenemos personas que están 100% a la orden de recibir instrucciones de seguimiento y teléfonos". Que el rastreo se hizo a nivel nacional, "porque se desplegaron a lo largo de Venezuela, Barquisimeto, Apure, la frontera, donde colocamos estrategias militares, para poder rastrear esas personas".

Le preguntaron si participó directamente en el rastreo a Escalona. "No directamente porque me encuentro asignada a la División Penal y Criminalística, pero tenemos personas que les damos directrices, le damos fotos, cédulas, porque el Estado nos faculta para ello". La precisan a que responda cómo localiza a Escalona y responde que "damos las directrices y en el punto donde encuentren la persona, hacen su trabajo, buscan a la persona que se está en seguimiento y sabe de los métodos de seguimiento. Cuando lo encuentran, me lo dan a mí y después yo hago el acta policial".

Seguidamente aseveró:

-De las respuestas que dio a preguntas directas se determina que ella no estaba en el sitio ni participó en la detención, tampoco en ninguna inspección de lugar, aunque fue la que motivó la aprehensión de Escalona.

En lo que respecta a algunas de las preguntas que los abogados le formularon a la teniente de la Guardia Nacional, el reporte de Sebastiana Barráez, transcribió:

- ¿Tiene instrucciones de investigar penalmente?

- Si, en la Escuela Militar obtuve formación de investigación penal y cuando llegué a DGCIM se nos capacita

- ¿Practicó alguna aprehensión?

-No

- ¿Practicó inspección?

- No. Hice la motivación para que solicitaran la aprehensión. Tengo la telefonía y otros métodos por medio de internet.

- ¿Hizo la experticia de telefonía?

-No realicé la experticia.

- ¿Ha visto una experticia telefónica?

-Sí, pero no la he realizado.

¿Quién le aportó la experticia de este caso?

- Nadie.

- ¿Conoce a Brayan Oropeza?

-No.

- ¿Usted redactó el acta? ¿Si conoce el contenido?

-Sí.

- Mi defendido manifestó que usted le dio unas patadas a Brayan Oropeza... (objeción de la fiscal). Los DDHH deben ser respetados y mi defendido fue torturado por la testigo. La ley establece en su artículo 15 que el funcionario que oiga la información de tortura debe notificar a la Defensoría del Pueblo, tiene la obligación de hacer constar estos hechos.

- ¿Cuáles fueron los elementos que le sirvieron de motivación para realizar el acta?

-El ciudadano se encontraba en el espacio donde se hizo el traslado, porque existen unas antenas que nos informan dónde estaba él; más existen los OCEIM que hacen el seguimiento.

- ¿Qué día le dieron la información para investigar a las personas?

-No recuerdo la fecha, no si era de día o de noche.

- ¿Puede recordar el traslado que indagaba?

-No recuerdo de dónde venía ni a dónde iba. Mis antenas tienen un sistema que relaciona con los celulares; emiten una señal en la DGCIM que activa las búsquedas, doy las instrucciones y me lo ubican.

- ¿Por qué a él?

Debido a que viene información de todos los ciudadanos que fueron a hacer los hechos materiales.

- ¿Por qué llega a él?

-Como era un magnicidio, somos los primeros en reaccionar y ocupamos todo el tiempo en la realización y se activa la DGCIM en conjunto y así somos eficaces. Al momento del hecho se aprehenden unas personas y tenemos q investigar su círculo familiar y aprehendemos. Se empieza a trabajar con el círculo familiar. Estrategia militar es un conjunto organizado que puede tener para conseguir cualquier información. Estrategia militar con la de los complementos que utilizan para poder llegar a un resultado, un complemento para trabajar en telefonía, donde esta estrategia se basa en telefonía, seguimiento, no puede indagar más Capitulación y confidencialidad y firmo un documento donde me prohíbe revelar información. No sé a quién extrajo

Yolmer Escalona. No sé de dónde venía ni a dónde iba.

- ¿Solicitó a un juez de control autorización para la intervención del teléfono del ciudadano?

-Eso no es una intervención. Solo una apertura de celdas.

- ¿Dónde realizó el curso de investigación penal?

- En mi función de la GN y en DGCIM nos dan esas materias.

- ¿La antena de una cuenta telefónica y la comunicación de cualquier ciudadano es privada, usted solicitó autorización de un juez de control para tal fin?

-No.

- ¿Ud. cuándo inició la investigación, antes, durante o después del acto del 4/8?

-Justamente cuando se activó el dron.

- ¿Quién le facilitó los datos del señor Yolmer?

-Tenemos maneras, estamos asociados a las compañías telefónicas.

- ¿Quién le dio la información?

-Podemos tener información debido a que es urgente y necesaria.

- ¿Por qué solicita la determinación de ese ciudadano?

-Él fue el encargado de hacer la extracción del personal, no recuerdo los nombres.

- ¿Dónde empezó la persecución del ciudadano?

-Tenemos personal de confianza que realizó el seguimiento en cada punto de Venezuela.

- ¿Cómo da con el entorno familiar de Yolmer?

-Al momento que sucede la explosión de los drones se aprehendieron a unos ciudadanos, a través de ellos comenzamos a estudiar a las personas y así damos con el paradero de Yolmer.

- ¿Realizó alguna otra acta en este caso?

-Si, la de la aprehensión del General que está en la esquina, de la ciudadana Yanín.

- ¿La orden de aprehensión de Yolmer Escalona, cuando la solicita?

-Horas después.

¿Quién la solicita?

-Yo

- ¿Se lo ordenaron?

-Claro.

- ¿Qué día?

-Son labores necesarias y urgentes, una llamada al fiscal o al tribunal y acuerda con ellos y ya, vía telefónica.

- ¿Qué es OCEI?

-Oficial de Contrainteligencia Militar.

- ¿Quién practicó la detención?

-No sé.

- ¿Cómo se entera de la aprehensión?

-Solo la motivo y ya luego vendría otro que hace la aprehensión.

- ¿Su información viene de otro funcionario?

-Si

- ¿Cómo localizó el teléfono?

-Por la filiación que tenía con las telefonías.

- ¿Cuándo hizo la motivación, vio los rasgos de las personas que llevaba Yolmer?

-Yo estaba en Caracas. La persona que hace el seguimiento es la que me informa. No estuve en el lugar.

-Ya se le impuso del delito de falso testimonio, debe declarar ¿qué le condujo a motivar la detención de Yolmer Escalona?

- Recibo información y proceso en una computadora que nos da los puntos clave, como el momento la hora, con quién andaba, la telefonía, porque estamos alineados con las compañías telefónicas de Venezuela y de ahí obtenemos la información de cualquier número, investigamos todo el entorno familiar, de los detenidos después del delito.

- ¿Qué información recibió de Yolmer Escalona?

-El punto donde se encontraba, las personas con quien se encontraba, nombres, cómo se trasladó, eso no está del todo plasmado en el acta, el lugar, la hora. No puedo decir qué fue lo que se realizó. Tenemos un sistema donde podemos verificar cédula, nombres de cualquier persona, cuando llegó la información se verifica la cédula, nombre completo, número de teléfono, rasgos.

- ¿Y cómo llega a motivar la solicitud de aprehensión con esos datos?

-Aparte de eso con todos los indicios ocurridos en la tarde y el entorno familiar y se tenía visto la movilización del personal. Con amistades de él llegamos a esa información.

- ¿Esas personas fueron interrogadas?

. -Si, una entrevista previa, desde su nombre, hasta todo lo que ocurrió en el día, después y antes.

- ¿Se levanta acta de esa entrevista o conversación?

-Si, hacen acta de entrevista, no está presente el Ministerio Público porque somos representantes del Estado y podemos hacerlo sin abogado... Antes nos enlazamos con el tribunal y la fiscalía y les manifestamos q eso se va a llevar a cabo.

- ¿El MP la autoriza para que haga esa entrevista entre el funcionario y el aprehendido?

-Sí.

- ¿Qué otra potestad tiene?

-Podemos indagar en las compañías telefónicas; tenemos un teléfono celular y ubicamos las personas.

- ¿Toman el móvil o el número?

-Es el perito quien puede manipular el teléfono. Me siento con mi grupo de trabajo, perito, OCIM, persona de confianza y realizamos las investigaciones, yo no soy perito y se pasa la información en tiempo real.

- ¿El perito no suscribe absolutamente nada?

-El suscribe si es oficiado por el tribunal. En este caso el OCIM ni el perito, yo suscribo la información.

- ¿No incautaron teléfonos a alguien?

-No incautamos el teléfono a nadie. El teléfono lo tengo para comunicarme con las compañías.

- ¿Ubica a la persona o al móvil?

-Cuando buscamos el número celular y tenemos la información y cuando encuentro la persona involucrada, la detengo.

- ¿Explique cuáles son los elementos suficientes para aprehender a una persona?

- Él era el encargado de la movilización de las personas involucradas, por ello se hace la motivación.

- ¿Cómo supo que era él el que estaba encargado de la extracción?

-Porque me lo dijo una persona.

- ¿Entre esta investigación le surgió el teléfono de Juan Carlos Requesens Martínez?

-No hice nada que tenga q ver con Requesens.

- ¿Quién hizo el estudio del círculo familiar, antes de la aprehensión?

-No recuerdo.

- ¿Se hace el seguimiento y se hace otra acta?

-No, mi personal no aparece dentro del acta, ni hacen acta. Se hace la verificación previa de la información que nos da el personal de confianza. Mi personal de confianza, los OCEIM son clandestinos, no es que sea ilegal, es un patrón de la contrainteligencia. No pueden ser vistos por la persona que están siguiendo.

¿Sabe que hay derecho a la confidencialidad en las personas?

-Imagino que sí.

Sobre el tema de la intercepción arbitraria y masiva de las líneas telefónicas para espiar y detener a los adversarios de la narcodictadura, el 23 de junio de junio de 2022 los medios nacional e internacionales divulgaron el informe que a la fecha diera a conocer Movistar, filial del grupo español Telefónica que opera en Venezuela desde 2005, según el cual al menos 1.584.547 líneas telefónicas de la compañía de telecomunicaciones resultaron "afectadas" por solicitudes de "interceptación legal" en 2021 por parte de "autoridades competentes" venezolanas.

Según el informe de Transparencia en las Comunicaciones 2021 de la multinacional española, dichas intervenciones" representan "más del 20%" de las líneas de teléfono de internet y son significativamente más altas que en el resto de la región en donde la compañía española opera servicios de telefonía móvil, resaltó VE Sin Filtro, una organización que defiende los derechos digitales y se dedica al monitoreo y documentación, con criterio técnico, de censura en internet y otras amenazas a los DDHH.

VE Sin Filtro añadió:

-Telefónica también refiere que han registrado 149.152 solicitudes de "metadatos asociados a las comunicaciones", lo que se refiere a los datos del suscriptor (nombre, cédula, dirección), pero también información como número de mensajes y llamadas recibidas, de quién, a qué hora, la frecuencia e incluso dirección de IP.

Luego alertó que "En Venezuela se ha hablado por años de la prevalencia de llamadas pinchadas y el monitoreo excesivo e injustificado de otras formas de comunicación, pero por primera vez hay un rastro del alcance de esta amenaza a los derechos civiles" y "Aunque la interceptación de comunicaciones puede ser una herramienta para investigar crímenes graves, su uso debe ser acorde a los estándares de DDHH".

El texto citado procede de TalCual, con información de VOA, y el título "Interceptación de líneas telefónicas en Venezuela: ¿Complicidad en un «Estado policial»?", donde además revela en el intertítulo "Autoritarismo digital de China" a la medida de Venezuela", que El Ministerio Público (MP) a través de sus fiscales, el Cuerpo de Investigaciones Científicas Penales y Criminalísticas (CICPC) y el Servicio Bolivariano de Inteligencia (SEBIN) -previa solicitud del MP y autorización del juez correspondiente-, son algunas de las autoridades competentes.

Seguidamente indicó:

-Consultado por VOA, Andrés Azpurua, director ejecutivo de Ver Sin Filtro y Venezuela Inteligente, explica que no hay manera de saber a quienes les han interceptado las comunicaciones, pero aclara que sí tienen maneras de tener alguna precisión.

Algunas de las personas cuyas comunicaciones han sido interceptadas incluyen ONG o actores cívicos. En la escala es muy grande y esto indica que es un abuso sistemático. No hay manera de esconder esto bajo investigaciones penales legítimas, esto se nota que es un tema abusivo y excesivo de parte del Estado".

Según este especialista, lo más preocupante del informe, en cuanto al caso Venezuela, es la "cantidad" de líneas afectadas por estas escuchas, pinchazos, intercepciones de telecomunicaciones.

-No son solo las llamadas, -precisó- va mucho más allá, cuando se interceptan las comunicaciones de una línea de teléfono pudieran estar viendo el contenido de las llamadas, la ubicación del teléfono en tiempo real, los mensajes de texto, incluyendo los mensajes de texto de los códigos de verificación que te puedan estar mandando diversos servicios.

Igualmente resaltó que no existe información sobre si pudiera estar ocurriendo "algo similar" en operadoras telefónicas venezolanas, entre ellas, la estatal CANTV, pero considera que es muy probable y "hasta peor".

Otro experto en la materia, Andrés Cañizales, profesor universitario especialista en derechos de libre información y de prensa en Venezuela, se declaró preocupado por la "complicidad" de una empresa privada transnacional en lo que califica como prácticas propias de un "Estado policial".

-Estamos hablando –aseveró a VOA- de una empresa privada que se hace cómplice de un Estado policial.

Y se preguntó a su vez qué tipo de presiones ejerce el gobierno madurista para obligar a una empresa privada a obedecer directrices que son claras violaciones a derechos civiles.

-El caso admitido por Telefónica Movistar en su informe de transparencia –apuntó- sirve de evidencia a la comunidad internacional para ratificar el "historial" de un gobierno que se ha convertido en un "Estado policial".

LOS REPRESORES ASESINOS NO SON CASTIGADOS

No resulta contrario a la verdad reiterar que los órganos de exterminio de la narcodictadura, mal llamados legalmente de seguridad, cometen todo tipo de arbitrariedades, incluidos ajusticiamientos, porque ni los autores de tales tropelías, menos todavía la cadena de mando que las ordena recibe el justo castigo de la ley.

Las razones son hartamente conocidas por los familiares de las víctimas y las organizaciones de defensa de derechos humanos, también perseguidas por el régimen dictatorial de Nicolás Maduro y consisten en que los jueces, los fiscales y el defensor del pueblo no cumplen las funciones establecidas en la Constitución, pues como son apéndices de la narcodictadura garantizan la impunidad.

Y como si fuera poco, las instituciones más letales, como la FAES, DGCIM y SEBIN reciben aplausos del propio narcodictador y, en muchos casos, los autores de torturas contra los presos políticos y asesinatos son premiados mediante ascenso. El ejemplo más patente de ello es que el jefe de la Operación Gedeón, Remigio Ceballos, que cobró las vidas del inspector Oscar Pérez y sus acompañantes, luego de ocupar cargos importantes cargos, pasó a ser ministro del Interior, Justicia y Paz.

El 14 de febrero de 2014 Elgica Semprún, reportó en el sitio Web de El Nacional:

-De cara a los hechos del día 12 de febrero del año en curso y los que vienen sucediendo en las últimas horas en Venezuela, Control Ciudadano repudia la omisión del Estado y solicita investigar su vinculación con los hechos criminales acaecidos en las últimas horas para proceder a la captura y procesamiento judicial de los responsables.

Luego recordó:

-La Fuerza Armada Nacional conforme lo establece el artículo 324 de la Constitución, tiene asignada la fabricación, importación, exportación, almacenamiento, transito, registro, control, inspección, comercio, posesión y uso de las armas de fuego en Venezuela.

Y a continuación señaló:

-Control Ciudadano observa con profunda preocupación como en el caso del asesinato del joven Bassil Alejandro Dacosta, ocurrido el pasado 12 de febrero, a escasos metros de un contingente de la Guardia Nacional y la Policía Nacional, este hecho no fue impedido y lo que es más grave los autores materiales no fueron detenidos, observándose además una actitud cómplice y pasiva de los agentes del Estado frente a lo que allí sucedía, como se evidencia del relato de los presentes y los videos que documentan los hechos.

Esa misma ONG, en un comunicado, hizo un llamado para que se adelanten las investigaciones en contra de los efectivos militares.

> *Ambos cuerpos de exterminio de la narcodictadura miran hacia otro lado cuando los círculos del terror sabotean los actos cívicos de la ciudadanía para provocar una reacción violenta. Entonces sí actúan para cometer todo género de arbitrariedades, desde el lanzamiento directo al rostro de la víctima balines o gases lacrimógenos hasta dispararle con armas de fuego o dirigir las tanquetas hacia los manifestantes sin importarles la letalidad de sus actos*

Más adelante El Nacional Web destacó:

-Así mismo, "Control Ciudadano informa que ha remitido esta información al Comité de Naciones Unidas que hace seguimiento a la actividad de mercenarios en el mundo, dentro de la cual se inscriben la actuación de estos colectivos armados, grupos parapoliciales y grupos paramilitares a los fines de que solicite una investigación al gobierno venezolano sobre el deber de dar seguimiento a todas su formas de actuación, en la que queden expresadas las fuentes y causas, las cuestiones, manifestaciones y tendencias que están surgiendo desde hace más de una década, con respecto a este tipo de mercenarios, las actividades relacionadas con ellos y sus repercusiones sobre los derechos humanos, en particular en el marco de situaciones de tensiones interiores que se vienen suscitando en el país.

Al final concluyó señalando que el documento citado tiene la firma de Rocío San Miguel, presidente de la Asociación Civil Control Ciudadano para la Seguridad, la Defensa y la Fuerza Armada Nacional.

LAS PROTESTAS CONTRA LA NARCODICTADURA SE MULTIPLICAN

El 14 de febrero de 2014 El Nacional Web dio publicidad al tercer día de protestas de los estudiantes que tuvo como asiento la avenida Intercomunal Urbaneja que une las ciudades de Barcelona, Lechería y Puerto La Cruz., Estado Anzoátegui, con un círculo rojo en la frente para recordar a los caídos en las manifestaciones de los últimos días.

Al efecto, Matilde Vílchez dijo que protestaba por los estudiantes, por los caídos, por la falta de seguridad, por los que a diario mueren y nadie los reclama. "Para que vean que aquí hay pueblo que quiere en un mejor país para todos".

Igualmente declaró que en la protesta del jueves la policía detuvo a 16 estudiantes que fueron liberados el mismo día y aunque no precisó la cifra aseguró que varios resultaron heridos con perdigones.

-Ese día –explicó- tuve como 20 llamadas pérdidas de mi mamá, pero ella tiene que entender que salí a luchar por mi país. Porque no voy a esperar que otra persona salga por mí. Además, prefiero que me mate la GN defendiendo lo que creo antes que me mate un malandro.

Por su parte, José Solé indicó que el jueves fueron atacados por la policía sin provocación.

-Estábamos protestando pacíficamente – precisó- pero tuvimos que correr para resguardarnos porque estamos en un país que no es democrático".

Finalmente, Víctor Hernández dijo que estaba protestando contra la situación.

-Para que no haya –confió- más colas para comprar comida y podamos salir a la calle sin miedo a que nos asesinen.

El 27 de febrero de 2014 el equipo de Últimas Noticias reportó las diferentes protestas ocurridas en varias partes del país en contra de la narcodictadura.

Cabe destacar que este periódico, al igual que El Universal y Globovisión, modificó luego su línea editorial independiente para transformarse en órgano oficioso de la narcodictadura

Según los reportes periodísticos emitidos por las corresponsalías de ese diario, grupos de damas se movilizaron para pedir paz y concordia en los estados Nueva Esparta, Táchira, Carabobo, Lara y Mérida.

En la capital del Estado Táchira, con rosas blancas en las manos, rosarios y trapos negros en sus brazos, las mujeres marcharon hasta el Comando Regional N° 1 para entregar un documento, pedir paz y el cese del ataque a los jóvenes. La concentración se inició a las 10 am en la redoma Los Arbolitos en Pueblo Nuevo. Cerca del Core fueron recibidas por un equipo anti-motín de la GN, y les entregaron sus rosas blancas.

En Nueva Esparta, las protestas tuvieron lugar en los municipios Mariño, Arismendi y Maneiro.

En Porlamar, las mujeres se congregaron y marcharon hasta el Destacamento 76 de la GN para entregar un manifiesto y flores a los efectivos. Cerca de la UDO, estudiantes y profesores manifestaron por los presos políticos, la criminalización de la protesta y la situación del país.

Y a mediodía, un grupo de alumnos del Colegio Renacer protestó de manera pacífica en Los Robles.

En el Estado Carabobo, mientras mujeres valencianas se reunían en la redoma de Guaparo para marchar hasta la 41° Brigada Blindada del Ejército a pedir el cese de la represión, Policarabobo, la GNB y motorizados se enfrentaban a vecinos que colocaron barricadas en diferentes sectores.

-En la movilización, -añade el reporte- las "damas de blanco" llamaron a la paz y la concordia, pero la GN les impidió el paso. En La Isabelica,

Policarabobo y los vecinos se enfrentaron y 4 personas fueron detenidas.

En Barquisimeto, Estado Lara, a las 10 am, un grupo de mujeres de blanco inició una movilización desde la Av. Los Leones con Lara. En la Av. Morán frente al Destacamento 47, donde fueron atendidas por Rosalva Peraza, de la GN, a quien le entregaron un documento. Entretanto, familiares y amigos de 4 estudiantes detenidos protestaron en la Plaza de la Justicia para exigir su libertad.

En Mérida, con normalidad marcharon las mujeres desde la Plaza de las Madres cerca del aeropuerto Alberto Carnevali hasta Glorias Patrias. Con pancartas, el grupo de mujeres repudió la violencia y la muerte de estudiantes. Un piquete femenino de Polimérida fue traspasado por las damas. Al llegar a su destino, leyeron un comunicado llamando a la paz.

El Autor

Eladio Rodulfo González, quien firma su obra en prosa o en verso con los dos apellidos, nació en el caserío Marabal, convertido después en parroquia homónima del Municipio Mariño, Estado Sucre, Venezuela, del matrimonio constituido por Guzmán Rodulfo y Nicomedes González, quien falleció cuando éste era un niño de corta edad y a la cual no conoció ni en retrato. Fue criado por la segunda esposa de su padre, Martina Salazar. Su nacimiento se produjo el 18 de febrero de 1935. Es licenciado en Periodismo de la Universidad Central de Venezuela, trabajador social, poeta e investigador cultural.

Con su esposa, Briceida Moya, procreó a Gabriela Lucila, Juan Ramón, Gustavo Adolfo y Katiuska Alfonsina, llamados así en honor a los poetas Gabriela Mistral, Juan Ramón Jiménez, Gustado Adolfo Bécquer y Alfonsina Storni.

En los primeros años de su vida fue dependiente en la bodega del padre, obrero petrolero de la empresa Creole Petroleum Corporation en Lagunillas, Estado Zulia, localidad donde inició el bachillerato en el Colegio Santa Rosa de Lima, que continuó en los liceos Alcázar y Juan Vicente González y la Escuela Nacional de Trabajo Social, ambas instituciones situadas en Caracas. También fue co-fundador de la División de Menores del extinto Cuerpo Técnico de Policía Judicial y de la Seccional Nueva Esparta del Colegio Nacional de Periodistas, donde integró el directorio en varias secretarías y además presidió el Instituto de Previsión Social del Periodista.

CICUNE.ORG

En la extinta Escuela de Periodismo de la Universidad Central de Venezuela, transformada en Escuela de Comunicación Social después, el 9 de octubre de 1969 obtuvo el título de licenciado en Periodismo. Más tarde realizó un posgrado en Administración Pública, mención Organización y Métodos, y un curso de Investigación de Investigación Cultural. Asimismo, hizo cursos policiales en Washington, D.C. y en Fort Bragg, Carolina del Norte.

Todo cuanto escribe, en prosa o verso, lo firma con sus dos apellidos, Rodulfo González.

Publica diariamente los Blogs: "Noticias de Nueva Esparta" y "Poemario de Eladio de Eladio Rodulfo González", Es miembro fundador del Colegio Nacional de Periodistas, Seccional Nueva Esparta. Pertenece a la Sociedad Venezolana de Arte Internacional.

En formato digital ha publicado los libros:

Poesía:
La Niña de Marabal
Poesía Política
Elegía a mi hermana Alcides
Cien Sonetillos
Mosaicos Líricos
Alegría y tristeza
Covacha de sueños
¡Cómo dueles, Venezuela!
Encuentros y desencuentros
Ofrenda lírica a Briceida
Antología de poemas comentados y destacados Partes I al IV
Guarumal
Brevedades líricas
Poemas disparatados

Investigación Cultural:
Dos localidades del Estado Sucre
El Municipio Marcano del Estado Nueva Esparta
Patrimonio Cultural Mariñense
Cristo en la devoción religiosa católica neoespartana
Festividades Patronales Mariñenses
La Quema de Judas en Venezuela
El Municipio Gómez del Estado Nueva Esparta
Festividades patronales del Municipio Antolín del Campo
La Virgen María en la devoción religiosa de Margarita y Coche
Festividades patronales del Municipio García del Estado Nueva Esparta, Venezuela
Festividades patronales del Estado Nueva Esparta
Nuestra Señora de Los Ángeles, patrona de Los Millanes
La Quema del Año Viejo en América Latina
La Quema de Judas en Venezuela, 2013-2014
La Quema de Judas en Venezuela 2015
Grandes compositores del bolero
Grandes intérpretes del bolero

Investigación Periodística:
Textos Periodísticos Escogidos 1 y 2
La libertad de prensa en Venezuela
Cuatro periodistas margariteños
La historia de Acción Democrática en tres reportajes periodísticos
La Hemeroteca Loca Tomos 1 al 7
La guerra del dictador Hugo Chávez contra comunicadores sociales y medios desde 2004 hasta 2012
La guerra del dictador Nicolás Maduro contra comunicadores sociales y medios desde 2013 hasta 2018

Catorce años de periodismo margariteño
Gobernadores contemporáneos del Estado Nueva Esparta.

En formato CD ha publicado:

La Libertad de Prensa en Latinoamérica y otros textos, Festividades Patronales Mariñenses, Elegía a mi Hermana Alcides, La Niña de El Samán, Marabal de Mis Amores, Festividades Patronales del Municipio Villalba y Festividades Patronales del Municipio Antolín del Campo.

Entre sus publicaciones en papel se cuentan:

Poesía:
Ofrenda Lírica a Briceida; Marabal de Mis Amores; La Niña de Marabal; Elegía a mi Hermana Alcides; Trípticos literarios A Briceida en Australia, Colorido, Elevación, Divagaciones y Nostalgias; Mis mejores Versos en Prosa; Incógnita; Mis mejores poemas en prosa; Añoranzas y otros poemas escogidos; Mosaicos Líricos; Entre Sueños, Cuitas a la Amada; ¡Cómo dueles, Venezuela!; Noche y otros poemas breves; Poemas Políticos escogidos; Sonetillos Escogidos; Alegría y Tristeza; Covacha de Sueños; Incógnita.

Investigación Cultural:
El Gallo en el Arte, la Literatura y la Cultura Popular; Pelea de Gallos, Patrimonio Cultural Mariñense; Festividades Patronales Mariñenses;   Festividades Navideñas; Manifestaciones Culturales Populares de la Isla de Coche; Manifestaciones Culturales Populares del Municipio Gómez; Manifestaciones Culturales Populares del Municipio Marcano; Dos Localidades del Estado Sucre; Nuestra Señora de los

Ángeles patrona de Los Millanes; El Bolero en América Latina; Historia de los Primeros Periódicos de América Latina; La Quema de Judas en Venezuela 2013-2014; La Quema del Año Viejo en algunos países de Latinoamérica; Festividades Patronales del Estado Nueva Esparta;   Grandes Intérpretes del Bolero; Nuestra Señora de los Ángeles patrona de Los Millanes.

Investigación Periodística:
La Desaparición de Menores en Venezuela; Problemas Alimentarios del Menor Venezolano; Niños Maltratados; Háblame de Pedro Luis;   S i e m p r e Narváez; Estado Nueva Esparta:1990-1994; Caracas sí es gobernable; Carlos Mata: Luchador Social; Así se transformó Margarita;   Margarita y sus personajes (cinco volúmenes); Vida y Obra de Jesús Manuel Subero; La Mujer Margariteña; Breviario Neoespartano;   Margarita Moderna; Cuatro Periodistas Margariteños; Morel: Política y Gobierno; Francisco Lárez Granado El Poeta del Mar; El Padre Gabriel; La guerra del dictador Hugo Chávez contra comunicadores sociales y medios desde 2004 hasta 2012; La guerra del dictador Nicolás Maduro contra comunicadores sociales y medios desde 2013 hasta 2018; La Hemeroteca Loca Tomos 1 al 7; Los Ojos Apagados de Rufo; El Asesinato de Oscar Pérez; Gobernadores contemporáneos del Estado Nueva Esparta; Imprenta y Periodismo en Costa Rica; Rómulo Betancourt: más de medio siglo de historia; Chávez no fue Bolivariano; El asesinato de Fernando Albán; El Asesinato del Capitán de Corbeta Acosta Arévalo; Morir en Socialismo Tomos I, II, III, IV y V.; La Corrupción en el Socialismo del Siglo XXI Tomos I,II y III, La Barbarie Represiva de la Narcodictadura de Nicolás Maduro Tomos I, II y III.

CONTACTO:

Página Web: cicune.org
Twitter: @mauritoydaniel
Email: cicune@gmail.com

CICUNE.ORG

Donde conseguir sus libros:

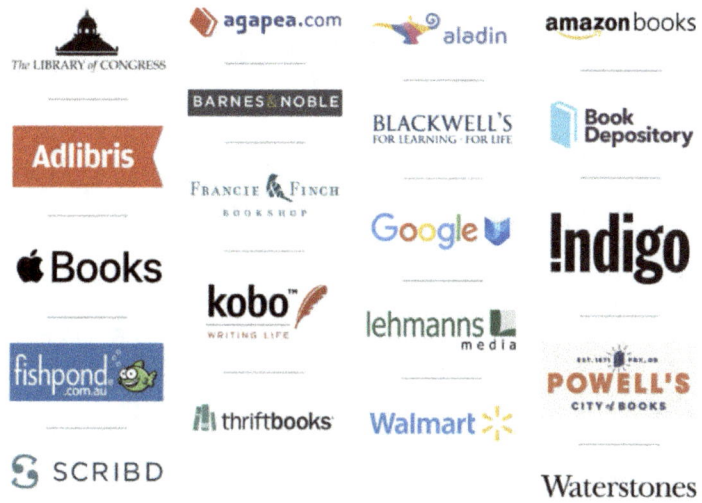

- Barnes & Noble: http://bit.ly/3XDrZ9V
- Amazon Books: https://amzn.to/3HgtxBC
- Apple Books: https://apple.co/3GTcOT8
- Google Books: http://bit.ly/3HdAB1z
- Agapea: http://bit.ly/3GPIuJo
- Aladin: http://bit.ly/3iHcz5T
- Adlibris: http://bit.ly/3kqL9BJ
- Blackwell's: http://bit.ly/3XmE0PM
- Book Depository: http://bit.ly/3WeRai0
- Indigo: http://bit.ly/3wapEY0
- Fishpond: http://bit.ly/3GT9PKH
- Kobo: http://bit.ly/3iKsVdZ

CICUNE.ORG

- Lehmanns: http://bit.ly/3w9X3CD
- Powell's: http://bit.ly/3GK9Znw
- Scribd: http://bit.ly/3IVVuQc
- Thriftbooks: http://bit.ly/3GS0Agz
- Walmart: http://bit.ly/3CWBby6
- Waterstones: http://bit.ly/3Wn0RLc

Otras publicaciones del Autor

El Asesinato de Oscar Pérez

El 27 de junio de 2017, luego de tres meses de protestas antigubernamentales en las cuales los órganos represivos de la narcodictadura asesinaron a 93 manifestantes, Óscar Pérez, Inspector del Cuerpo de Investigaciones Científicas, Penales y Criminalísticas, lanzó un ataque desde el helicóptero que tripulaba contra las sedes del Tribunal Supremo de Justicia y el Ministerio del Interior, Justicia y Paz, sin herir ni matar a nadie.

Los Indígenas en el Socialismo del Siglo XXI

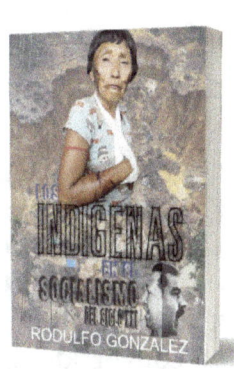

El Capítulo VIII de la Constitución, constante de ocho artículos que van del 119 al 126, garantiza el derecho de nuestros indígenas a existir como pueblos y comunidades, organización social y económica, cultura, usos y costumbres, así como idiomas y religiones.

Podría pensar un lector desprevenido que la abundancia de leyes y burocracia para favorecer a los pueblos originarios se traduce en bienestar y progreso para ellos.

No es así, como trataré de demostrarlo en esta monografía digital, llamada así porque toda su fuente

CICUNE.ORG

documental proviene de la Web, constantemente actualizada sobre cualquier tema.

El Bolero en América Latina

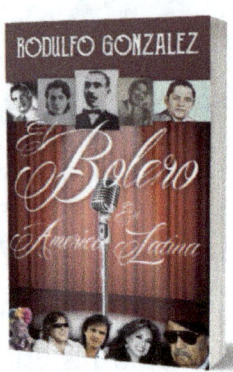

Entre 1935 y 1965 el bolero dominó el espectro musical latinoamericano. Fue promovido primero por la radio y los programas en vivo, luego los discos de 78, 46 y 33 RPM llamados acetatos; después el cine y finalmente la televisión.
Vino desde España hasta Cuba con unas características diferentes a las actuales y de allí pasó a México, que, por intermedio del acetato, primero, y luego a través de películas, a otros países latinoamericanos, especialmente República Dominicana, Venezuela y Puerto Rico.

Rómulo Betancourt: Más de Medio Siglo de Historia

Rómulo Betancourt es el único líder político venezolano por el que siempre he sentido ferviente admiración. Y a medida que conozco más sobre su vida y obra esa admiración se ha convertido en veneración, porque gobernó a Venezuela en situación crítica y supo superar todos los escollos que encontró en su camino para superarla, tomando algunas veces decisiones antipáticas, como la reducción del sueldo del funcionariado a los fines de sanear la económica, que encontró en la bancarrota, pero que gracias a esa medida, complementadas con otras que consideró adecuadas para devolverle la felicidad a los gobernados, le permitió entregarle a su sucesor en la Presidencia de la República, doctor Raúl Leoni, un país sin dificultades económicas y en franco crecimiento.

Mis Mejores Versos

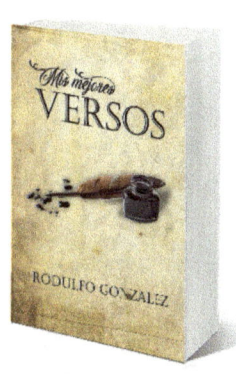

En cada poema que escribo oigo la palabra ¡Libertad! en un lenguaje que solo yo entiendo por sacarlo de la tenebrosa mazmorra donde estaba apoltronado desde hace milenios poéticos.

De esa prisión, al ser redactado y puesto en el ciberespacio o formando parte de un libro en formato de papel, pasa a la eternidad y se salva de morir conmigo cuando la parca me visite.

Libre cual el viento, o cual las nubes, o como el pajarillo que vuela solo o acompañado por el espacio o se sube en la copa del árbol a proveerse del alimento que llevará al nido que llevará al polluelo.

O brindará su canto para llenar de música los paisajes. Ya quisiera yo, lector anónimo, tener un ápice de la libertad del ave, de la mariposa, de la liebre o del río capaz de cambiar continuamente su vestimenta para sentirse eternamente joven.

Divina libertad que gustoso doy a mis poemas para eternizarme con ellos y dejar constancia de mi accidentado paso por este mundo de alegría y tristeza, de avance y caída.

www.ingramcontent.com/pod-product-compliance
Lightning Source LLC
LaVergne TN
LVHW021958060526
838201LV00048B/1611